왜
다시
자유인가

이태곤 지음

왜
다시
자유인가

이태곤 지음

열린서원

2부

3부

4부

추
천
사

　　글쓴이의 문제의식은 '자유'다. 그의 자유에 대한 여정이란 일반인들이 갖고 있는 일상적 의문에 기초한다. 쉽게 와닿으면서도 동시에 혼란이 있는 이유이기도 하다.

　　그는 자유를 '모든 구속에서 벗어남이다.'라는 일반적인 고정관념에서 출발하고, 또한 자유는 다양한 층위에서 규정될 수 있는 중층적 개념임에도 불구하고, 종종 개인과 사회라는 서로 다른 층위의 자유를 동일 층위에 놓음으로써 혼란을 초래하곤 한다.

　　하지만 그만큼 그의 글에 나타난 자유에 대한 의문과 시도와 노력은 대중적일 수 있다. 특히 여러 학자들의 관점을 이해하려는 노력은 그가 지닌 열정의 깊이를 가늠하게 한다. 자유라는 주제에 있어서 정제되고 날 선 본인만의 비판적 관점을 지니는 것은 우리 모두에게 요구되는 것이기에, 글쓴이가 '자유'를 찾아 떠나는 여정에 함께 하면서, 독자들이 각자의 생각과 모색으로 이어지게 하는 역할을 할 것이다.

— 우희종(서울대학교 명예교수)

이태곤 선생을 볼 때마다 감탄한다. 전문 학자들도 은퇴하면 손에서 책을 놓는 시절에 그는 오히려 연구와 집필에 더 열심이다. 『나는 친북좌파다』라는 책을 본지가 엊그제 같은데, 이번에는 '자유'라는 주제를 가지고 이념과 현실을 넘나들면서 책을 출간했다. 이태곤 선생은 이제 명실공히 에세이 철학자이다.

— 이종철(한국 에세이 철학의 개척자, 철학박사)

『왜 다시 자유인가?』 라는 이 책은 자유에 대한 오랜 오해와 왜곡을 넘어, 다시금 '진정한 자유란 무엇인가'를 묻는 용기 있는 성찰이다. 이사야 벌린의 자유 개념에서 악셀 호네트의 사회적 자유, 아마르티아 센의 역량까지를 불교·장자 사유와 엮어, 자유를 권력의 구호가 아니라 '상호인정과 책임'의 실천으로 복원한다. 일상에서 포착한 자유의 얼굴들과 역사·사상 비평이 맞물리며, 방종과 해방, 시장과 공공성, 개

머리말

9

인과 공동체의 긴장을 날카롭게 가른다. 특히 '협력 위의 자유'라는 새로운 사회적 자유주의의 제안은 한국 자유 담론의 빈자리를 정직하게 메운다. 자유주의의 역사적 맥락과 오늘의 현실을 치열하게 성찰하는 저자의 사색은 독자들에게 깊은 울림을 전한다. 자유라는 나침판을 고쳐 세우고자 하는 이들에게 반드시 권할 만한 책이다.

노년의 철학함에서 출발해 '벌거벗은 붓다'의 통찰, 연기·화엄의 관계론, 그리고 사회적 자유주의까지를 한 호흡으로 엮어, 사유를 삶의 실천으로 견인한다. 양자·복잡계·후성유전학 등 현대과학을 불교적 지혜와 교직해 인류세의 위기 앞에서 왜 생명감수성과 참여불교가 필요하냐는 물음에 설득력 있게 답한다. 유마경·금강경·화엄경을 삶의 언어로 번역해 '입전수수(入廛垂手)'의 자비를 일상으로 끌어내리는 대목은 특히 인상적이다. 철학과 종교, 과학의 경계를 넘어 더 넓은 자유와 연대를 모색하는 모든 이에게 강력히 권한다.

— 이명권(동양철학자, 비교종교학자)

머
리
말

    1980년대 이후 우리나라에서 자유주의는 기구한 운명을 맞이하게 되었다. "보수파는 자유주의를 냉전 반공주의와 동일시하면서도 실제로 자유를 실천하지 않았다면, 진보파들은 자유주의를 친미적 부르주아 이념으로 경멸했다."[1] 우리나라의 자유주의는 보수와 진보 양 진영 모두에게 외면당했다. 그러한 왜곡과 무시에 따라, 자유에 대한 진정한 이해 역시 자리를 잡지 못했다. 3년 전 전임 대통령은 취임과 더불어 유난히도 자유를 강조했다. 나는 그때부터 "진정한 자유란 무엇인가? 그가 외치는 자유는 오염된 자유가 아닐까?"라는 의구심이 들었다. 그 의문이 이 책 탄생의 씨앗이 되었다.

---

1) 최장집, 『민주주의와 자유주의 사이에서, 자유주의는 진보적일 수 있는가』(최태욱 엮음, 2012), P71

자유는 기본적으로 외부로부터의 어떠한 강제가 없는 상태이다. 노예 상태가 아니란 말이다. 우리의 헌법에도 '자유민주주의의 기본 질서'라고 명시되어 있듯이 우리는 자유를 소중히 여긴다. 그러나 자유의 이름으로 독재에 저항하기도 하지만, 자유의 이름으로 타인의 권리를 침해하기도 한다. 즉, 타인에 대한 무시와 배제가 발생한다. 인간은 태어날 때부터 자유롭고 평등하다는 명제를 믿는다면, 자유와 평등은 어떻게 공존할 수 있는가? 자유에 대해 깊이 생각하면 할수록 깊은 수렁에 빠진다. 자유를 한마디로 정의를 내리기가 쉽지 않고, 오염된 자유가 끼치는 피해는 상상을 초월하기 때문이다. 대안은 없을까?

자유는 넓게는 철학적, 정치적, 사회적 층위에서의 자유가 있으며, 좁게는 자연권으로서의 자유, 자유와 평등, 자기실현으로서의 자유, 선택으로서의 자유, 역량으로서의 자유 등 다양한 정의들이 자유와 관계되어 있다. 또한 고전적 자유주의, 신자유주의, 정치적 자유주의, 경제적 자유주의, 진보적 자유주의, 사회적 자유주의 등 모두가 자유를 중심으로 전개된 사상들이다. 그것 하나하나를 철학적으로 검토하는 일은 결코 가볍지 않다. 그러나 나는 그와 관련된 단상들을 꾸준히 기록하였고, 이제 그 글들을 새롭게 구성하여 한 권의 책으로 출판하고자 했다.

이 글은 에세이 철학이라고 할 수 있다. 즉 이 책에 담긴 글들은 자유에 관한 형이상학적 사고의 전개가 아니라, 우리 일상의 삶 속에 담겨있는 자유의 자취를 추적하고자 하는 하나의 시도이다. 나는 친북좌파(親Book座波)다. 책 읽기를 좋아하고, 앉아서 명상하기를 좋아한다. 그래서 나의 시도에는 자유와 관련된 적지 않은 독서와 사색을 바탕으로 이루어졌다. 하지만, 자유와 관련하여 내가 미처 생각하지 못한 부분이 없지 않음을 고백한다.

나는 불교의 무상(無常)을 믿는다. 내가 나임에 구속되어 자기 동일성에 갇혀 있다면, 그것은 하나의 상(相)에 갇혀 있는 것이다. 그곳에는 자유가 없다. 자유는 모든 구속에서 벗어남이다. 불교에서 말하는 무상은 영원한 것은 없음에 대한 깨달음이다. 그러한 깨달음이 열반에 이르는 길이라면, 나는 열반을 꿈꾸고 있는지도 모른다. 하지만 그렇지는 않다. 나는 다만 우리가 일상에서 느끼는 자유가 무엇인가에 대한 다양한 생각을 하면서 내 삶이 보다 윤택해지기를 바랄 뿐이다. 자유는 우리가 세상이라는 거친 바다를 항해하는데 반드시 필요한 나침판이다. 하지만 고장난 나침판을 들고 있어서야 되겠는가? 오염된 자유가 곧 고장 난 나침판이다. 그래서 나는 다시 자유를 묻게 되었다.

이 책의 1부는 주로 자유주의에 대한 이론들을 다루었고, 2부는 일상에서 일어나는 자유에 관한 생각의 단상을 담았고, 3부는 저널인 뉴스에 기고한 자유와 관련된 컬럼으로 엮었다. 그리고 4부는 우희종선 생님의 강의『벌거벗은 붓다』의 내용에 관한 것을 자유와 연관시켜 글을 모았다. 독자들의 관심에 따라 어느 곳을 먼저 읽어도 무방하다. 필

머리말

자는 악셀 호네트의 새로운 사회적 자유주의와 불교적 깨우침을 의미하는 자유에서 우리의 희망을 찾고 있음을 밝히고자 했다.

책을 출판하면서 세 분 선생님께 특별한 감사의 인사를 올린다. 이 책에 담긴 글 일부는 에세이 철학의 선두주자인 이종철 선생님에게 보내어, 그의 소감을 담았다. 그리고 〈벌거벗은 붓다〉 강의로 인한 우희종 선생님과의 인연으로 그의 한 줄 평도 담을 수 있었다. 우희종 선생님의 강의는 나의 사고에 많은 영향을 미쳤다.

그와의 우연한 인연은 나의 삶에 적지 않은 영향을 미쳤다. 그와의 인연으로 한 줄 평을 이 책 뒤표지에 담을 수 있었다. 또한 노자철학과 불교철학에 정통한 이명권 선생님에게 이 글에 대한 한 줄 평을 부탁드렸는데, 기꺼이 수락해 주셔서 무한한 영광으로 생각한다. 그 분들의 격려가 이 책 출판에 큰 힘이 되었다. 세 분 선생님에 대한 고마움을 이 글로 대신한다.

자유라는 이름 아래 무수히 많은 왜곡이 일어나는 이 시대에, 우리는 "왜 다시 자유인가?"를 물어야 한다. 이 책이 그 질문의 출발점이길 바란다.

2025년 8월 문래동에서
이태곤

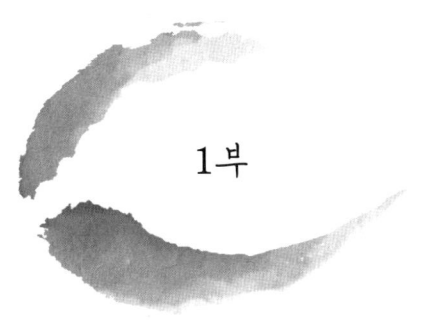

1부

동양적인 사고에서의 자유에 대한 기준은 「무소

욕 물시어인」에서 찾을 수 있을 것이다。

자유주의의 역사와 우리의 자유

　　오늘날 우리는 너나 할 것 없이 자유를 외친다. 하지만 저마다 자유에 대한 생각이 다르다. 내 마음대로 하는 것이 자유라고 생각하는 사람도 있고, 모든 구속으로부터의 해방을 자유라고 생각하는 사람도 있다. 이사야 벌린은 '~에로의 자유'를 의미하는 적극적 자유와 '~으로 부터의 자유'를 의미하는 소극적 자유를 구분하지만, 소극적 자유에 무게를 둔다. 적극적 자유는 타인에 대한 폭력으로 변모할 수 있는 위험이 있기 때문이다. 동양적인 사고에서의 자유에 대한 기준은 '기소불욕 물시어인(己所不慾 勿施於人)'에서 찾을 수 있을 것이다. 즉 타인에 대한 배려가 자유의 기준이 된다. 유아적 사고를 가진 사람들의 자유에는 타인에 대한 배려가 없다. 그러한 자유는 자유가 아니라 방종이다. '~부터의 자유'를 의미하는 소극적 자유 역시 타인에 대한 배려를 바탕에 깔고 있다. 소극적 자유는 나의 권리를 침해하는 모든 구속에 대한 저항에서 비롯된 자유이다. 이러한 자유는 서구 르네상스 시대의 새로운 가치관을 가진 인간들에게서 시작되었다. 그들로부터 자유주의가 싹텄다.

중세에서 근세로 넘어오는 과도기적인 유럽 사회를 르네상스라고 부른다. 그 시대의 주역은 부르주아였다. 십자군 전쟁으로 동방과의 교역이 활성화되면서 이탈리아 지역에 생긴 상공업지역을 부르그(bourg)라고 하고, 그곳에 사는 상공인들을 부르주아라고 불렀다. 이들이 자본주의의 씨앗이라고 볼 수 있다. 부르주아의 주된 관심사는 부의 축적이었다. 또한 중세 시대를 지배했던 신의 자리에 인간의 이성이 자리 잡게 되었고, 그로부터 내세와 천국에 대한 믿음을 대신하여 현실 세계에서 누리는 재산과 번영에 관심을 갖기 시작하였다. 이는 자연스럽게 공동체 중심의 사회에서 개인이 중심이 되는 사회로 변모하게 되었고, 개인이 누리는 재산과 번영을 구속하는 모든 것들에 대한 해방을 외치게 되었다. 그것이 바로 서구 자유주의의 뿌리였다. 그것을 고전적 자유주의라고 부르며, 그러한 자유주의는 개인주의에 바탕을 두었다. 르네상스 연구에 관심이 많았던 부르크하르트는 르네상스 시대에 발견된 인간을 '자유로운 활동과 자유의지'를 갖춘 자기 자신의 '자유로운 창조자'이자 '자기 의지에 따라 발전하고 성장'하는 존재로 표현했다.

고전적 자유주의는 근대에 접어들면서 절대군주제 타파에 앞장

선 시민혁명을 이끈 부르주아의 사상적 기반이 되었다. 그들은 자유를 부르짖기 위해 만인은 평등하게 태어났다는 자연법에 입각한 평등을 외쳤다. 자신의 자유를 주장하기 위해서는 귀족과도 신분적인 차이가 없어야 했다. 자유와 평등은 동전의 양면이었다. 그러한 사상에 바탕을 두면서 그들은 비인간적이며 차별적이었던 절대군주제와 전통적 신분제 사회를 무너뜨리고, 민주주의와 법치주의를 축으로 하는 근대 서양의 평등한 시민사회를 건설하였다. 그들은 모든 사람이 평등하다고 주장함으로써 자신들을 수탈하는 신분 차별을 반대했고, 절대군주의 횡포를 막기 위해 헌법과 법으로 국가권력을 명확히 제한하는 입헌주의와 법치주의를 주장했으며, 자신들이 직접 국정에 참여하는 민주주의를 주창했다. 한편 그들은 그들의 부를 늘리기 위해 자유방임 경제체제를 주장하기도 하였다. 하지만 그 당시에는 자본주의의 폐해가 발생하기 전이었다. 아무튼 근대의 자유주의가 오늘날의 민주주의와 법치주의, 자본주의를 낳게 되었다.

하지만 우리가 외치는 자유에는 서구 사상에 뿌리를 둔 자유주의와는 다소 거리가 있다. 즉 우리가 외치는 자유에는 평등과 법치와 민주가 없고, 반공이라는 이데올로기의 유령만 어른거린다. 우리가 말하는 자유민주주의는 공산주의를 반대하는 민주주의를 말한다. 앞에서 살펴본 서구 근대의 자유주의와는 전혀 다른 의미의 자유이다. 최장집은 한국에서의 자유주의는 좌우 양쪽 진영에서 부정되었다고 지적한다.

보수파들은 자유를 외치면서도 냉전 반공주의와 동일시하였지만 실제로는 자유를 실천하지 않았고, 진보파들은 자유주의를 친미적 부르주아 이념으로 경멸했다고 진단하였다. 결국 한국에서는 진정한 자유주의가 싹트지 못했고, 그 자리에 민족주의가 자리 잡게 되었다고 보았다. 이로써 한국의 자유주의는 설 땅을 잃게 되었다. 70. 80년대 민주화 운동은 독재정권에 대한 저항이었지, 자유주의의 심화를 위한 것은 아니었다.

그렇게 자유에 대한 깊이 있는 논의가 없는 상태에서 오늘날 자유주의가 경제적 자유주의와 동일한 것이 되어버림에 따라 보수주의자들은 자유주의자가 되었고, 진보주의자들은 반자유주의자들이 되어버렸다. 하지만 한국의 보수적 정치인들은 결코 자유주의자라고 말할 수 없다. 그들은 평등을 무시한 자기만의 자유를 누리면서 새로운 귀족주의를 만들어가고 있기 때문이다. 그렇다고 진보적 정치인들이 진정한 자유주의자라 볼 수도 없다. 그들은 고전적 자유주의의 가장 기본적인 가치인 언론의 자유를 위한 투쟁은 고사하고, 사법 권력의 견제조차도 하지 못하고 있기 때문이다. 우리 사회의 지속 가능한 발전을 위해서는 자유의 가치에 대한 새로운 조명이 필요하다. 자유에 대한 새로운 조명을 바탕으로 평등과 인권, 관용, 그리고 정의라는 가치를 도출할 수 있기 때문이다. 경제적 자유주의가 자유주의의 모든 것이 아니다. 경제적 자유주의도 존중되어야 하고, 능력주의도 존중하여야 하지만, 진정한 자유주의에는 기회의 평등을 염두에 둔 상호 인정과 자율적인 선택을 할 수 있는 역량으로서의 자유가 바탕에 깔려 있어야 할 것이다.

우리는 과연 자유로운가?

서울의 거리는 자유가 넘쳐흐른다. 나는 광화문에서 약속이 있을 때 지하철 시청역에 내려서 덕수궁을 옆에 두고 광화문까지의 길을 걷는다. 10분 정도 걸을 것이다. 짧은 시간이지만 내가 살아있음을 느낀다. 지나치는 사람들의 모습에서 활기참을 느낄 수 있기 때문이다. 고궁과 현대식 건물의 앙상블도 조화롭다. 덕수궁이 과거를 안고 있다면, 그 주변의 모든 건물은 현대를 상징한다. 과거와 현대의 공존 속에서 문명의 빠른 발전에 감탄하기도 한다. 그러나 세상이 밝은 곳만 있는 것은 아니다. 어둠도 함께 공존한다. "하나님을 믿지 않으면 지옥에 떨어집니다!" 덕수궁 근처 길모퉁이에 자리 잡은 사이비 종교단체의 확성기에서 흘러나오는 소리이다. 기독교를 믿지는 않지만, 지옥을 운운하는 것은 협박에 가까운 말이다. 그곳뿐만 아니다. 서울역 광장 한구석에서는 매일같이 사이비 종교단체의 선교활동이 벌어진다. 지하철에서도 "하느님을 믿어라!"라고 외치면서 다니는 사람을 만나기도 한다. 저 모든 것들이 종교의 자유라면, 우리 사회는 자유가 넘치는 사회이다. 다만 각 개인은 자신이 노예에 불과하다는 것을 모를 뿐이다.

자유! 누구나 꿈꾸는 단어이다. 하지만 자유에 대한 정의를 내리기가 쉽지만은 않다. 새처럼 하늘을 나는 것도 자유이고, 자연과 함께 하나가 되는 것도 자유이다. 이러한 자유는 지나치게 낭만적이다. 하지만 현실 속에서의 자유는 결코 낭만적이지 않다. 자유는 권력의 제한에 관한 논의이기에 낭만적이기보다는 오히려 치열하다. 인류의 역사를 자유의 역사라고 말하기도 한다. 그것은 역사를 자유를 쟁취하기 위한 권력 투쟁으로 보기 때문이다. 권력 투쟁의 역사가 곧 자유의 역사이다. "권리 위에 잠자는 자는 보호받지 못한다"는 예링의 말도 곧 자유에 대한 갈망이다. "날마다 자유와 생명을 쟁취하는 자만이 그것을 향유할 수 있다." 똑같이 예링이 한 말이지만, 나는 후자의 말을 더 좋아한다. 잠자는 것은 수동적인 의미를 갖고, 스스로 자유를 쟁취하는 것은 적극적인 의미를 갖기 때문이다.

최근에 자유를 주제로 책을 출판할 계획을 가지고 있기에, 자유와 관련해서 다양한 독서를 하고 있다. 그중 하나가 존 스튜어트 밀의『자유론』이다. 200여 년 전에 출판한『자유론』서문에서 밀은 "사회가 법이나 여론을 무기로 개인을 통제할 수 있는 영역을 규정하고자 하는 것"이 이 글의 목적이라고 밝히고 있다. 나는 그 책을 통해 자신만의 이익을 위해 타인의 자유를 침해해서는 안 된다는 소중한 지혜를 얻었다. 자유는 나만이 누리는 자유가 아니다. 자유는 평등을 전제로 하고, 상호 존중을 염두에 두어야 한다. 나의 존재가 소중한 만큼 타인의 존재도 소중하다. 하지만 우리의 사회는 그러하지 못하다. 개인주의를 넘어서서 나만의 이익만 소중하게 생각하는 이기주의가 팽배해져 있는 사회이다. 그런 사회에서는 역지사지의 마음을 찾아볼 수 없다. 참된 자유는 역지사지의 마음을 바탕에 둔 결단이다.

밀의 『자유론』에는 토론의 자유를 강조하면서, 다수의 횡포에 의해 소수의 의견이 무시되어서는 안 된다는 대목도 있다. 소수의 천재가 사회의 소금 역할을 하기에 그렇다고 한다. 이 대목은 사실 우리의 현실과는 거리가 멀다. 우리의 현실은 다수결의 원칙을 앞세우면서 소수의 의견을 무시한다. 다수결의 원칙이 정당성을 얻으려면 사실은 충분한 토론의 자유를 전제로 해야 한다. 토론의 자유가 생략된 다수결 원칙은 다양성을 없애고, 다수를 동원하여 획일화를 꾀하는 전체주의적인 발상이 깔려있다고도 볼 수 있다. 그래서 밀은 배부른 돼지보다 배고픈 소크라테스가 낫다고 말했다. 우리는 어떤가? 철학이 사라진 사회에서 배고픈 소크라테스를 찾아볼 수조차 없다. 그렇다고 배부른 돼지만이 들끓고 있는 사회라고 말하는 것은 아니다.

"모난 돌이 정 맞는다"라는 속담이 있다. 괜한 일에 나서지 말라는 선인들의 충고이다. 자유를 억압당했던 식민지 시대와 군사 독재 시대에 모난 돌은 곧 죽음을 의미했을 것이다. 그런 사회에서는 배부른 돼지 같은 삶이 지혜로운 삶일지도 모른다. 오늘날은 어떠한가? 소크라테스는 시장에서 정의를 전파하려고 노력하다가 결국 독배를 마셨다. '우리 함께'가 아닌 '나 홀로' 사회에서 소크라테스는 광인에 불과할 것이다. 나는 그래도 소크라테스가 좋다. 밀의 말을 다시 인용해 본다. "단한 사람을 제외한 모든 인류가 같은 생각을 한다고 해서 그 한 사람에게 침묵을 강요하는 행위가 정당화될 수 없다. 마찬가지로 어떤 한 사람이 권력을 장악하고서 자기와 생각이 다른 나머지 모든 사람에게 침묵을 강요하는 것 역시 정당화될 수 없는 것이다." 이 말은 각 개인의 다양성을 존중해야 한다는 의미이다. 다양성의 존중은 자기 생각이 잘못일 수도 있다는 열린 마음으로 타인의 생각과 표현의 자유를 수용하는 자세이다. 밀의 『자유론』은 개방과 관용의 정신이다.

서울 도심의 사이비 종교단체의 포교 활동도 자유인가? 단 한 사람을 제외한 모든 인류가 같은 생각을 한다고 해서 그 사람에게 침묵을 강요해서는 안 된다는 밀의 말을 적용하면, 저것도 개인의 소중한 의사 표현의 자유라고 볼 수도 있을 것이다. 하지만 그렇지 않다. 저런 현상에 대해서 밀의 다음과 같은 말을 적용시켜야 할 것이다. "인간은 어떤 틀에 본을 떠 만들어지는 기계가 아니다. 인간의 본질은 생명을 불어넣어 주는 내면의 힘을 바탕으로 모든 면에서 성장하려고 노력하는 나무와 같다." 밀은 원숭이 흉내만 내는 삶을 자유의 진보를 가로막는 방해물로 보았다. 자기반성이 없는 사람들의 삶은 노예의 삶에 불과하다. 사이비 종교단체에 소속되어 있는 사람들은 자유의지로 그런 행동을 하는지 나로서는 알 수 없는 노릇이다. 자유는 가끔 복종이라는 진짜 모습을 감추는 가면의 역할을 하기도 한다. 우리는 자유를 외치지만, 때로는 그것이 복종의 또 다른 이름이라는 사실을 잊는다. 자유는 진실로 자신에게 "나는 자유로운가?"를 되묻는 자에게만 허락될지도 모른다. 그들만이 가짜 자유라는 독단의 꿈에서 깨어날 것이다.

당신은 어떤 자유를 선택할 것인가?

왜 다시 자유인가? 자유와 방종은 어떻게 구분하는가? 누구의 자유는 타인의 죽음을 불러오기도 한다. 박원순 시장의 죽음이 그렇다. 여비서에 대한 박원순 시장의 친밀한 표현이 여비서가 잘못 이해하여 성추행에 가깝다고 박원순 시장을 공격했다면, 잘못은 누구에게 있는가? 물론 여비서를 지지하는 페미니스트 단체에서는 여성이 성적 수치심을 느꼈다면, 그 원인을 제공한 사람의 잘못이라고 박원순 시장을 공격할 것이다. '성적 수치심'은 지극히 주관적이다. 그러한 주관적 감정을 일방적으로 "나는 피해자다"라고 주장함으로 인해 또 다른 한 인물이 피해를 입는다면, 그것은 누구의 잘못인가? 결과만 놓고 비극적인 결과를 초래하게 만든 어떤 요인을 부정적으로 비판할 수는 없다. 하지만 그러한 사건에 대해서도 우리는 자유롭게 생각해 보아야 한다. 누구의 선택이 자유를 넘어선 방종에 가까운가? 우리 주변의 많은 일들 중에는 쉽게 답을 찾을 수 없는 경우가 허다하다. 하지만 지나치게 주입식 교육만 받은 탓인지 몰라도, 우리는 너무 쉽게 하나의 답만을 제시하려는 경향이 있는 것 같아 안타깝다.

자유는 내 마음대로 하는 것이 자유가 아니다. 고전적 자유주의자들이 외친 자유도 자연법에 따른 자유였고, 이성의 법칙에 따른 자유였다. 로크는 자신에 속하는 물건을 자기 마음대로 처분할 수 있는 자유를 주장하였다. 소유권을 인정하였기 때문이다. 그는 자신의 노동이 가미된 소유는 정당한 것이며, 그래서 자유롭게 처분할 수 있다고 보았다. 그러나 과연 그런가? 내가 원하기만 하면 타인의 권리를 무시하고 타인의 것까지 자신의 권력을 이용하여 빼앗아도 되는가? 내가 소유한 돈을 내가 자유롭게 쓴다고 해서 무엇이 문제인가? 내가 내 돈으로 고급 룸 싸롱에서 술을 퍼마셔도 내 자유가 아닌가? 내 돈으로 망해가는 작은 기업을 사서 내 마음대로 처분하는 자유는 어떠한가? 부자에게 더 많은 세금을 내라고 하는 것은 나의 자유를 침해하는 것이라고 외칠 때 그 자유는 정당한가? 그 모든 것이 고삐 풀린 자유이지 않은가?

해방 이후 1951년에 이승만에 의해 처음 창당된 정당의 이름이 자유당이었다. 공산당과 반대되는 개념으로서의 자유당이었을 것이다. 위키백과에 의하면 그 당시 자유당이 내세운 이념은 보수주의, 반공주의, 민족주의는 물론이고, 협동조합주의도 포함되어 있다고 한다. 그때부터 한국의 정치는 겉과 속이 달랐을 것 같다. 자유당이 내세운 자유는 강자들만의 자유였다. 그래서 자유당은 겉으로는 자유민주주의를 표방했지만, 실제로는 자유당은 권위주의적 통치와 장기 집권을 위한 수단으로 기능했다. 자유당의 자유는 권력 유지를 위한 도구로 사용되었다. 그러한 역사에 대한 반성 없이는 자유에 대한 올바른 이해가 어려울 것이다.

인간은 사회적 동물이다. 인간이 사회적 동물이라고 해서, 끼리끼리의 문화를 만들어야 한다는 것은 아니다. 사회적이란 말은 나의 권리가 존중되어야 하듯이 타인의 권리도 존중되어야 함을 내포하고 있다. 사회적이란 말은 상호인정을 의미하지 결코 배제나 무시를 포함하지 않는다. 하지만 우리의 끼리끼리의 문화는 타 공동체에 대한 배제의 성격이 강하다. 그것은 결코 사회적이지 않다. 우리 사회는 정치인들이 만들어 놓은 지역 연고주의로 인하여 사회가 분열되어 있다. 타 집단의 배제로 이어지기는 끼리끼리 문화는 자유의 적이다. 폭력을 내포하기 때문에 그렇다. 상호인정은 타자의 존중이다. 타인의 개성과 다양성을 존중하는 것이다. 개성과 다양성이 존중되지 않는 사회에서는 자유가 숨쉴 곳이 없다.

우리에게 자유는 보수나 진보 모두에게 비난받는다. 보수 측에서는 자유의 이름으로 무엇이든 비판하니 그런 자유가 싫고, 진보 측에서는 자유의 이름으로 기득권들만 자유를 누리니 그런 자유가 싫다. 자유는 양면성을 가진다. 언론의 자유를 외치면서 언론이 권력과 손을 잡고 권력의 대변인으로 전락한 우리의 현실을 생각하면 자유는 곧 자본의 대변인일지도 모른다. 모든 자유가 자본의 지배 아래 포섭되었다고 보아도 무리가 아니다. 하지만 집회 결사의 자유는 민중의 편에 서 있다. 영국의 명예혁명이 무혈 혁명이라고 해서 자랑하지만, 한국은 여러 차례 집회 결사의 자유로 무능한 정권, 독재를 꿈꾸는 정권을 무너뜨렸다. 이식된 민주주의가 본토의 민주주의를 능가하는 실천력을 보인 나라가 우리의 조국이다. 그러니 자유를 다시 생각해보지 않을 수가 없다. 우리는 어떤 자유를 원하는가?

  손자의 교육에 관해서도 나는 가끔 아이들과 생각이 다르다. 나는 손자가 성장하여 자기 잠재력을 최대한 발휘하기 위해서 가능하면 스스로 판단할 수 있게 도와주는 편이다. 하지만 사위의 생각은 다르다. 내가 아이를 대하는 자세가 너무 너그러워서 아이의 교육에 악영향을 미칠지도 모른다고 걱정한다. 나도 사위의 마음을 알기 때문에 손자가 사위와 함께 있을 때는 사위가 하는 대로 내버려 둔다. 획일적인 교육은 아이의 잠재력을 향상시키는데 방해가 된다는 생각조차 획일적일지도 모른다. 일사불란이란 용어는 효율적일지는 몰라도 창의적이지는 않다. 인류의 발전은 수많은 천재들의 자유로운 생각에서 비롯되었다. 자유 속에 창의력이 싹을 피운다. 나는 손자가 창의력을 발휘하는 천재 중 하나이기를 바란다. 다만, 어디까지가 창의력이고 어디까지가 일사불란일까?

　　자유분방함은 다양성이다. 다양성이 없는 사회는 자유를 허용하지 않은 획일적인 사회를 지향한다. 무엇을 선택할 것인가? 다양성의 사회와 획일적인 사회 양자택일을 말하는 것이 아니다. "무엇을 선택할 것인가?"에 대한 물음은 "타인을 인정할 것인가?" "타인을 배제할 것인가?"를 묻는 것이다. 타인을 인정한다면 다양성의 사회를 선택하는 것이고, 나와는 다른 생각을 가진 사람을 배제한다면 획일적인 사회를 선택하는 것이다. 당신은 어떤 선택을 할 것인가?

당신은 어떤 자유를 선택할 것인가?

왜 다시 자유인가

　　자유주의의 스펙트럼은 매우 넓다. 자유와 함께 따라다니는 개념이 평등이다. 신 앞에 자유라고 말할 때 신 앞에 평등하지 않으면 절대로 자유로울 수 없기 때문에 자유와 평등은 떨어질래야 떨어질 수 없는 상호 연관된 개념이다. 그래서 자유보다도 평등을 강조하면 자유주의적 평등주의자가 되고, 평등보다 자유를 앞세우면 자유 지상주의자가 된다. 이러한 두 가지 생각이 정치 지형에서 양극단으로 치닫게 될 때 한편에서는 사회복지를 우선하는 사회주의, 혹은 공동체주의적 경향으로 흐르게 되고, 또 다른 한편에서는 완벽한 시장에서의 자유를 외치는 신자유주의적 경향으로 흐르게 된다. 그렇게 하여 자유는 좌와 우가 갈리게 되었고, 양극단에서 서로를 비난하게 된다. 즉 한편에서는 평등을 무시하는 자유는 기득권을 옹호하는 논리일 뿐 자유가 아니라고 비난하고, 또 다른 한편에서는 개인의 자유를 외적으로 규제하는 것이야말로 자유가 아니라고 비난한다. 후자의 논리에는 또 다른 유령 하나가 달라 붙는다. 반공주의라고 하는 유령이다. 그들은 공산주의의 반대가 곧 자유주의라고 믿기에 평등을 외치는 자유주의는 곧 공산주의를 옹호하는 것과 다를 바 없다고 맹폭을 가한다. 그래서 우리는 다시 자유를 묻게 된다. "진정한 자유란 무엇인가?"

자유에 관한 담론은 사적 소유와 떼려야 뗄 수 없다. 고전적 자유주의자 로크는 개인의 소유권을 보장하기 위한 사회계약을 언급했다. 소유권은 그 당시 영국 부르주아지의 최대 관심사였다. 자유주의는 그러한 관심 속에서 성장하였다. 헤겔 역시 소유는 자유의 사회적 인정을 함축한다고 보았다. 즉 자유가 자기의 실현이라면, 소유는 자신의 목표를 효율적으로 달성해 줄 수단이라는 것이다. 소유와 관련해서 현실에서는 실현 불가능한 이론을 펼친 자들이 마르크스주의자들이다. 그들은 자기 소유권과 외적 자원의 평등한 분배 혹은 집단 소유를 주장한다. 하지만 그것은 현실에서 실현되기가 불가능한 이론이었다. 소유와 관련된 새로운 견해를 가진 롤즈의 입장은 황경식의 글로 대신한다. "사적 소유나 공적 소유, 혹은 두 가지 혼합형 중 어떤 것이든 특정한 산업구조나 경제체계 내에서 차등의 원칙을 만족시킬 수 있는 까닭에 사유나 공유, 개인 소유나 집단 소유에 대한 롤즈는 원리상 불가지론적인, 따라서 개방적인 입장을 취하게 되는 것이다."

여기서는 '새로운 사회적 자유주의'를 언급하고자 한다. 새로운 자유주의는 'New-Liberalism'의 번역어이다. 새로운 자유주의는 신자유주의를 일컫는 'Neo-Liberalism'과 구분하기 위해 사용되었다. 새로운 자유주의를 학자에 따라 '사회적 자유주의'라고 하기도 한다. 새로운 자유주의가 사회적 자유주의인데, 그러면 '새로운 사회적 자유주의'는 또 무슨 자유주의냐고 의문이 생길 것이다. 사회적 자유주의도 구버전이 있고, 신버전이 있다고 이해하면 맞을 것이다. 새로운 사회적 자유주의를 언급하기 전에 사회적 자유주의는 무엇인가를 간단히 살펴보자. 사회적 자유주의는 고전적 자유주의의 극복을 위해 탄생한 자유주의이다. 즉 고전적 자유주의가 개인주의에 바탕을 두었기에 공동체적 가치를 소홀히 하면서 발생하는 경제적 불평등과 빈곤의 문제점을 극복하기 위해 등장한 자유주의가 사회적 자유주의이다.

새로운 사회적 자유주의는 사회적 자유주의 역시 문제점이 있다고 지적하면서 탄생한다. 이 대목은 문성훈의 『새로운 사회적 자유주의』를 참조했다. 그가 말하는 새로운 사회적 자유주의는 경쟁이 아니라 협력을 강조하는 자유주의이다. 그는 고전적 사회적 자유주의는 경쟁 관계를 유지하면서 모든 사람이 평등하게 자유를 실현하는 방법을 찾는 것과 달리, 인간의 사회성에 기초한 자유주의를 추구한다. 그가 말하는 사회성이 바로 협력이다. 그는 협력이라는 사회적 조건 속에 나의 자유 실현은 곧 타인의 자유 실현이며, 타인의 자유 실현 속에서 나의 자유

실현이 이루어진다고 보았다. 그가 생각하는 새로운 사회적 자유주의는 협력 관계 확대를 통해 적대적 경쟁 관계를 대체하는 것이다. 그것은 광범위한 협력의 토대 위에서 경쟁이 이루어지도록 사회를 재구성하는 데 있다.

문성훈은 주관성에서 상호주관성에로의 패러다임의 전환을 인간의 사회성과 자유에 대한 새로운 이해의 바탕으로 삼았다. 이를 대표하는 사람이 제3세대 프랑크푸르트학파의 악셀 호네트이고, 그의 사회적 자유 개념이 새로운 사회적 자유주의의 바탕이 되었다. 악셀 호네트의 사회적 자유 개념은 다음 기회에 다시 이야기하기로 하고 호네트가 생각하는 자유에 대해서 간단히 언급하면서 이 글을 마무리 짓고자 한다. 당신이 애인과 사랑을 나눈다고 가정하자. 당신은 애인을 최대한 만족시켜주려고 노력할 것이며, 당신의 애인 역시 당신을 최대한 만족시켜주려고 노력할 것이다. 당신 속에 나의 만족이 있고, 내 속에 당신의 만족이 있다. 여기서의 만족을 자기실현이라고 바꾸어 말할 수도 있을 것이다. 악셀 호네트에게 자유는 자기실현이다. 결국 자유는 타자의 인정, 상호인정 속에서 자유가 실현된다는 것이다. 그것이 헤겔이 말하는 인륜성의 단계, 즉 악셀 호네트에게 자유는 너 속에서 나의 자기실현이면서 동시에 내 속에서 너의 자기실현이다. 이러한 상호인정 속에서 꽃피는 자기실현으로서의 자유야말로 우리가 다시 생각해 볼 자유가 아닐까?

사회적 자유주의의 이해

　　지인들과 이야기를 나누던 중 나는 사회적 자유주의의 가치가 소중하다는 이야기를 했다. 지인 중 한 분이 깜짝 놀라면서 나에게 묻는다. "지금 사회주의를 말씀하시는 건가요? 사회주의라면 북한의 체제를 옹호한다는 말씀?" 내가 오히려 더 놀랐다. 사회적 자유주의를 왜 사회주의, 나아가서 공산주의로 연결시킬까? 사회적이란 말이 그에게는 사회주의적이란 말로 들렸던 것 같았다. 그래서 다시 설명이 필요했다. "사회적 자유주의는 인간의 '사회성'을 강조한 것이고, '사회주의'를 옹호하는 입장은 아닙니다." 간단한 설명으로 급한 불은 껐다. 사실 사회적 자유주의를 주장하는 악셀 호네트는 『사회주의 재발명』이란 책을 통해서 사회주의를 새롭게 해석하고 있다.

　　우리에게는 사회주의에 대한 거부감이 있는 것 같았다. '자라 보고 놀란 가슴 솥뚜껑 보고도 놀란다'는 우리 속담을 생각하면 그 마음을 이해 못 하는 바는 아니다. 6·25전쟁이라는 비극적인 역사를 간직한 국민으로서 공산주의를 싫어하는 것은 당연하지만, 사회주의가 공산주의는 아님에도 불구하고 사회주의도 공산주의 못지않게 싫어한다. 하지만 전 국민이 혜택을 받는 각종 보험제도나 복지제도는 사회주의 정책의 일환이다. 물론 사회주의에서 공산주의가 파생되었다는 점을 고려하면 사회주의에 대한 거부감을 이해하지 못하는 것은 아니다. 하지만 현대 민주사회에서도 사회주의적인 복지제도를 많이 도입하고 있는 점을 고려한다면, 사회주의를 무조건 거부하는 태도는 바람직하지 못하다.

악셀 호네트가 『사회주의 재발명』에서 주장하고 싶은 것은 무엇인가? 호네트는 이 책을 통해서 사회주의가 활력을 잃은 이유를 밝혀내고, 사회주의를 다시 구성해 보고자 했다. 이 책을 번역한 문성훈은 호네트가 말하는 사회주의는 문자 그대로 사회를 '사회적'이 되도록 만들어야 한다는 주장이자 실천 운동으로서, 그 핵심은 바로 '사회적 자유'에 있다고 하였다. 여기서 말하는 사회적 자유는 개인주의적 자유가 아니라 상호주관적 주체를 전제로 한 자유이다. 이를 문성훈은 헤겔식으로 말하면 내가 타인 속에서, 역으로 타인이 내 안에서 자기 자신으로 존재하는 주체이며, 하버마스식으로 말하면 타인의 관점에서 자신을 반성할 줄 아는 주체라고 설명한다. 사회적 자유는 사실 논어에 나오는 '자신이 하기 싫으면 타인에게도 하게 해서는 안 된다는 기소불욕물시어인(己所不欲勿施於人)과도 유사하다. 이 말 역시 타인과의 관계에 대한 상호존중, 상호인정이 바탕에 깔려있다.

　　개인주의에 바탕을 둔 고전적 자유주의는 극심한 빈부격차와 빈곤이라는 한계를 가지게 되었다. 이러한 고전적 자유주의의 한계를 극복하기 위해 새로운 자유주의의 탄생은 역사의 요청이라고 볼 수 있다. 사회적 약자를 포함하여 시민들의 소외와 빈곤이라는 공포로부터 자유를 강조하는 새로운 자유주의(new-liberalism)가 탄생한 것이다. 그것을 사회적 자유주의라고 부르기도 한다. 이를 대표하는 사상가들은 밀과 그린, 홉하우스 등이다. 홉하우스는 20세기 초 영국의 사회적 자유주의를 대표한다. 그는 사회주의와 자유주의의 결합을 시도했으며, 자신의 정치적 입장을 자유 사회주의(liberal socialism)로 규정했다. 그는 사회와 개인을 유기체로 보았고, 사회와 개인은 협력적 상호작용을 통해서 존속하는 상호의존적 존재로 보았다. 홉하우스는 개인을 파편화된 존재로 보지는 않았지만, 사회성의 핵심을 파악하지 못했고, 사회성에 기초한 자유 개념도 정립하지 못했다.

　　앞에서 잠시 살펴본 것처럼 한편에서는 사회적 자유주의가 활개를 쳤지만, 다른 한편에서는 경제적 자유주의를 강조하는 신자유주의(neo-liberalism) 역시 영국과 미국에서 활발한 움직임을 보였다. 고전적 자유주의는 이처럼 다양한 모습으로 변모하고 있다. 신자유주의 역시 고삐 풀린 개인주의의 한계를 벗어나지 못했다. 오늘날은 탈규제와 무규제 등 통제받지 않는 자유방임 시장의 위험성과 빈부격차의 심화와 같은 신자유주의의 폐해를 더 이상 견뎌 내기 어려울 정도로 심화되고 있다. 그래서 등장한 것이 악셀 호네트의 새로운 사회적 자유주의이다.

호네트는 개인의 자유가 존재할 수 있는 곳은 다른 사회구성원들이 개인의 자유에 제한을 가하는 원인 제공자가 아니라, 개인의 자유를 실현하기 위해 필요한 협력자로 간주할 수 있는 곳뿐이라고 보았다. 이것이 호네트의 사회적 자유주의의 핵심이라고 본다. 타인이 나의 지옥이 아니라 나의 자유는 타인과 함께 이룰 수 있다는 전면적인 패러다임의 전환이다. 그래서 그는 사회주의 운동은 더 이상 개인이 아니라, 연대적 공동체를 자유 실현의 터전으로 이해하는 전체론적 사고로부터 출발했다고 보고 있다. 이러한 생각은 지극히 불교적이기도 하다. 이세상이 모두 연기(緣起)로 관계해 있다면 나 아닌 다른 모든 것들의 생명 역시 소중하게 생각하게 된다. 이럴 경우 나 아닌 다른 것들은 나의 자유 실현에 방해가 되는 요소가 아니라 도움을 주는 요소로 변모하게 된다. 더 이상 경쟁이 아니라 협동하는 삶이 시작되는 것이다. 호네트가 말하는 사회적 자유주의는 개인적 자유를 희생시키지 않으면서 연대를 통해 자유를 실현하고자 하는 것이다. 그리고 여기에서의 '사회적'이란 말은 『사회주의 재발명』 마지막 문단에서 요약하여 잘 표현되고 있다. "사회구성원들이 각기 자신의 상호작용 동반자의 관심과 도움에 기대어 인격적이고 정서적인 친밀성, 경제적 독립성, 정치적 자기결정에 대한 공유된 욕구를 해방시킬 때 우리 사회는 문자 그대로 사회적이 될 것이다." 사회구성원 모두가 서로의 경쟁자가 아니라 상호 협동을 이루는 동반자로 변모할 때 비로소 사회적이 된다는 말이다.

자유의 두 얼굴, 해방인가 폭력인가?

　　세계사에 조금만 관심이 있다면 자유와 평등의 이름으로 구체제를 무너뜨린 프랑스혁명 이후 프랑스 사회가 극심한 혼란에 빠졌음을 알 수 있다. '인간과 시민의 권리선언' 그 내용만 살펴보면 정의롭기 그지없다. 그러나 현실에서 그 선언은 피의 응징이라는 끔찍한 사건으로 이어졌다. 1792년 9월에 자코뱅당 당통의 주도로 왕당파 당원 2,000여 명을 무차별 학살한 9월 학살은 서막에 불과했다. 그 이후 로베스피에르가 이끈 자코뱅당의 공포정치에 의해 파리에서만 5,000여 명이 살해되었다. 자신이 휘두르는 칼의 끝이 자신을 향하고 있는지 모른다는 것은 역사의 아이러니이다. 시민의 지지를 얻고 권력을 장악한 로베스피에르는 친구인 당통을 처형했지만, 공포정치에 싫증을 느낀 파리 시민들은 로베스피에르를 처형했다. 로베스피에르라는 한 개인으로 보면 슬픈 역사이지만, 그가 행사한 폭력을 감안하면 당연한 귀결일지도 모른다. 자유의 이름으로 시작된 혁명이 어떻게 폭력으로 변질될 수 있는지는 역사가 우리에게 던지는 뼈아픈 질문이다. 무엇을 위한 자유인가?

　　이러한 혁명 이후의 혼란 상황을 지켜본 이웃 영국에서는 프랑스혁명을 따뜻한 시선으로 바라볼 수 없었다. 전통과 질서가 무너지고 혼란이 휘몰아치는 프랑스혁명은 영국 사회에 보수정치의 필요성을 환기시켰다. 영국의 보수정치는 전통의 가치를 존중하고 도덕적 책임을 중시하는 지적 엘리트들인 귀족들의 정치를 추구하였다. 영국의 귀족들은 내 몫만 챙기려는 사적 인간이 아니라, 공적인 일에 더욱 세심한 신경을 쓰는 공적 인간이었다. 어쩌면 플라톤의 철인정치에서 말하는 철인과 유사할지도 모른다. 전통과 도덕적 책임을 존중하는 참된 보수의 정신은 존중받을 만하다. 프랑스혁명 이후 자유를 외치면서 공포정치를 일삼은 자코뱅당이 참된 진보가 아닌 것처럼, 오늘날 우리의 현실에서처럼 자기 몫만 챙기려는 보수 역시 참된 보수가 아니다.

　　그런데 인간은 왜 자유를 외치면서 독재를 꿈꾸는가? 서구에서의 자유는 Freedom과 Liberty로 구분된다. 인터넷 검색에 의하면 Freedom은 행위 할 수 있는 힘(The power to do)을 의미하며, Liberty는 억압의 봉쇄(Absence of arbitrary restraints)를 의미한다고 한다. 여기서 중요한 것은 행위 할 수 있는 힘으로서의 자유는 곧 권력을 의미한다. 권력은 자기 마음대로 타인의 권리를 좌지우지하는 힘으로 작용하기도 한다. 권력을 가진 사람이 외치는 자유가 바로 Freedom이다. 존 스튜어트 밀이나 이사야 벌린의 책 제목 『자유론』에서의 자유는 Liberty이다. 아쉽게도 나는 그 책을 원서로 읽은 것이 아니라 그들이 얼마나 정확하게 Freedom과 Liberty를 구분하였는지 알 수 없다. 한편 아마티야 센은 Liberty와 Freedom을 개인적 자유를 말할 때 자유는 Liberty이고, 일반적 자유를 말할 때 자유는 Freedom이라고 구분한다.

인류의 역사는 자유의 역사라고도 한다. 여기서의 자유는 모든 억압으로부터의 해방이라는 의미에서의 Liberty에 가깝다. 개인주의가 발전한 서구 사회에서는 자유라는 개념이 다양한 의미로 사용되었던 것 같다. 에스키모인들은 눈에 대한 다양한 개념을 가지고 있는 것은 그만큼 그들에겐 눈이 소중하였기 때문일 것이다. 서구에서도 자유에 대한 다양한 개념이 있는 것을 보면, 자유가 그들의 삶에 매우 소중한 역할을 했음은 분명하다. 하지만 동양권에서는 서구에서 사용하는 '자유'에 해당하는 말을 찾기가 어렵다. 나의 짧은 지식으로는 노자와 장자, 그리고 불교의 경전에서 '자유'라는 단어를 찾아볼 수 없었다. '자유'라는 개념이 서구의 문물을 받아들이기 시작한 이후 만들어진 개념이기에 그러할 것이다. 물론 동양의 고전 속에서도 서구적 개념인 자유와 유사한 의미를 가진 대목을 여러 곳에서 발견할 수는 있다. 어쩌면 장자의 소요론이 서구의 자유 개념을 풀어서 설명한 대목이라고도 볼 수도 있다. "얽매임이 없이 먼지나 때가 낀 세상 밖으로 돌아다니고 무위의 작용에서 소요한다." 또한 불교에서는 모든 연기에서 벗어나는 해탈이 서구의 자유 개념과 유사할 것이다. 하지만 우리 사회에서 자유는 이런 철학적 깊이를 갖기보다는, 자기 행동에 책임을 지지 않는 방종에 가까운 오염된 자유를 자유라고 착각하는 경우를 자주 목격하게 된다.

자유는 폭력으로 변할 때가 가장 위험하다. 우리 사회에서도 자유를 가장한 폭력이 우리 주변에 뱀처럼 똬리를 틀고 우리를 위협한다. 자유는 내 마음대로 힘을 행사하는 권력이 휘두르는 폭력이 아니다. 그래서 이사야 벌린은 소극적 자유와 적극적 자유를 구분하면서 적극적 자유의 위험성을 경고했다. 토크빌도 민주적 독재론을 경계했다. 토크빌은 물질주의가 대중의 의식을 장악해서 몇몇 독립적인 영혼을 제외하고는 자유나 다양성이라는 사상을 모조리 질식시켜 획일화를 가져올 수 있다고 보았다. 즉 자유가 모든 위계질서를 무너뜨리고, 그 혼란을 방지하기 위해 오히려 중앙집권을 요구한다는 것이다. 그 결과 획일성과 규율성을 강조하는 민주적 독재가 탄생한다고 토크빌은 『미국의 민주주의』에서 지적하고 있다. 에리히 프롬 역시 『자유로부터의 도피』에서 자유의 확대가 결국 불안을 초래하며, 인간은 그러한 불안에서 벗어나기 위해 또 다른 구속으로 도피한다고 분석하고 있다. 에리히 프롬의 자유는 Freedom이다. 자유는 폭력으로 변질될 가능성을 항상 내포하고 있다.

이 글을 마무리하면서 존 스튜어트 밀의 『자유론』에 나타난 그의 통찰을 되새겨본다. 밀은 내면적 의식의 자유, 자신의 기호를 즐기는 자유, 결사의 자유가 실현되는 사회가 자유로운 사회라고 보았다. 그는 생각과 토론의 자유를 강조하였으며, 개별성을 통해 개인의 행복과 발전은 물론이고 사회도 발전한다고 보았다. 그에게 개인은 사회의 소금과도 같은 존재였다. 여기서의 소금은 개인의 사회적 의무를 상징한다. 또한 각 개인은 타인에게 피해를 끼치지 않는다면 책임이 없고, 타인에게 피해를 끼치면 개인에게 책임이 있음을 언급했다. "모든 인류가 한 사람을 빼고 의견이 똑같고 오직 한 사람만이 반대 의견을 가졌다고 해도, 인류가 그 한 사람을 침묵시키는 것은 어떤 한 사람이 권력이 있어서 나머지 모두를 침묵시키는 것과 마찬가지로 정당하지 않다." 밀의 자유론에서는 중생이 아프면 내 마음도 아프다는 보살의 자비로운 마음을 찾아볼 수는 없지만, 소수의 의견일지라도 존중되어야 한다는 그의 주장은 오늘날에도 다시 한번 생각해 보아야 할 대목이다.

　　자유는 내 마음대로 휘두르는 폭력이 아니다. 자유는 책임이 항상 뒤따르며, 타인의 자유를 함께 지키는 것이다. 불의에 저항하면서도, 그에 따르는 책임을 다할 수 있을 때 비로소 우리는 진정한 자유를 누릴 수 있을 것이다.

적극적 자유와 소극적 자유

  권력을 자기 손아귀에 쥐고 세상을 자기 마음대로 움직이고자 하는 사람들도 자유를 외친다. 반면에 권력에 고삐를 채워서 외부에서 오는 모든 강제에서 벗어나고자 하는 사람들도 똑같이 자유를 외친다. 자유는 누구의 입에서 나오는 자유인가에 따라서 천당과 지옥만큼이나 그 의미가 다르다. 늑대가 외치는 자유는 양에게는 죽음이고, 양이 외치는 자유는 늑대에게는 굶주림이다. 이를 이사야 벌린은 적극적(positive) 자유와 소극적(negative) 자유로 구분한다. 적극적 자유는 나의 무엇이 나를 통제하는가에 대한 물음에 대한 대답이고, 소극적 자유는 다른 사람의 간섭없이 스스로 할 수 있는 영역은 무엇인가에 대한 물음에 대한 대답이다. 이를 무엇에로의 자유와 무엇으로부터의 자유라고 구분할 수 있다.

이사야 벌린이 적극적 자유를 비판적으로 언급한 부분에 대해서 의문을 가지는 사람이 많을 것이다. 적극적 자유? 좋은 의미 아닌가? 내가 나의 주인이 된다는데 무엇이 잘못인가? 맞는 말이다. 누구도 자신이 자동 인형처럼 살기를 원치 않을 것이다. 비록 그렇게 살고 있을지도 모르지만, 많은 사람들은 내가 내 삶의 주인이라고 생각하고 살아간다. 여기까지는 아무런 문제가 없다. 벌린은 여기서 한 걸음 더 나간다. "나는 누구인가?" "내 삶의 목표는 무엇인가?"라는 물음에 대한 답에 따라 적극적 자유가 갖는 성격이 달라지기 때문이다. "내가 진정한 자아의 주인이라는 말에는 타인의 구체적인 소원을 무시할 태세를 갖추었다는 말과 같다." 이 말의 의미는 다양성을 인정해야 한다는 의미가 포함되어 있다. 만약 한 인간이 인간의 다양성을 무시하고 자기만의 생각이 옳다는 그릇된 믿음을 가질 경우 적극적 자유는 타자의 자유를 침해하게 된다. 벌린이 경계하는 것이 바로 이 부분이다.

　　'천상천하 유아독존'이란 말이 있다. 이 말은 누구도 내 삶을 대신 살아줄 수 없다는 의미에서의 개체고유성으로 이해할 수도 있고, 이 세상에 존재하는 것은 오직 나뿐이다라는 의미에서의 개인적 독단으로 이해할 수도 있다. 어떤 해석이 정확한지는 알 수 없다. 다만 나는 전자의 의미로 이해한다. 그러나 후자의 의미로 이해할 경우 저 말은 이사야 벌린이 염려한 적극적 자유가 갖는 부정적 성격으로 드러난다. 자신의 행위에 아무런 책임을 지지 않는 야만의 탄생이자 양 떼의 죽음을 몰고 오는 늑대의 자유이다.

    장자에게도 이와 유사한 비유가 등장한다. 장자의 「응제왕」 편에는 숙과 홀이 자신의 기준으로 선의로 혼돈에게 일곱 개의 구멍을 뚫어 주었다가 결국 혼돈을 죽게 만드는 우언이 있다. 여기서의 숙과 홀은 인위적인 것을 비유하고, 혼돈은 자연적인 것을 비유하고 있다. 인위로 자연을 재단하여 결국 혼돈은 죽게 되었다는 의미가 담겨있다. 인위로 자연을 재단하는 것이 곧 야만이다. 그리고 장자의 「지락」 편에도 이와 유사한 우언이 등장한다. 왕궁에 날아든 바닷새에게 임금이 가장 좋아하는 음악과 임금이 가장 좋아하는 음식을 대접했다가 3일 만에 죽었다는 비유이다. 이것은 무위에 진정한 즐거움이 있다는 것을 강조하는 것이지만, 나의 주관적인 잣대로 타인의 자유를 재단하는 적극적 자유가 갖고 있는 부정적 측면과도 일맥상통한다.

    지식은 자유를 확장하기도 하지만, 한편으로는 자유를 침해하기도 한다. 지식은 인간을 환상과 무지에서 비롯되는 희망과 공포에서 벗어나게는 해주기에 자유를 확장해준다. 근대 이후의 지식, 이성, 계몽, 합리성의 이름이 자유를 확장한 것은 분명하지만, 한편으로는 자연의 파괴나 생명 존중의 생각을 희박하게 만들기도 하였다는 측면에서는 자유를 침해한 것으로 이해할 수 있다. 한쪽 문은 열었지만, 다른 쪽 문을 닫은 꼴이다. 합리주의적 주장은 하나의 진정한 진리가 있다는 믿음에서 시작한다. 이러한 생각이 결국에는 인류에 엄청난 비극을 초래하였다. 지금도 벌어지고 있는 이스라엘의 가자지구 폭격도 하나의 진리라는 믿음에서 비롯되었다고 볼 수 있다. 물론 그 내면에는 개인의, 혹은 집단의 이기적인 욕심이 자리하고 있지만, 겉으로는 객관적인 진리라고 하는 믿음을 내건다. 합리적인 내가 내린 명령에 네가 저항한다면, 그것은 너의 비합리적인 생각 때문이라는 것이다. 그리고 네가 무지한 것은 내가 가르쳐주겠다는 생각이 결국 타인의 자유를 심각하게 침해하게 되는 것이다.

자유는 자기가 하고 싶은 대로 하는 것으로 정의하는 것과 자유는 나의 행위에 선택의 폭을 넓히는 것으로 정의하는 것과는 서로 다른 문제이다. 진정한 자유는 다양한 선택이 주어져 있고, 주어진 선택을 행할 수 있는 힘이 갖추어져 있을 때나 가능하다. 자유는 인간의 최소한의 권리 주장일 경우에만 진정한 의미가 있을지도 모른다. 또한 책임이 따르지 않는 행동의 자유는 야만일 뿐이다. 죽느냐 사느냐라는 단지 두 가지의 선택만 내 눈 앞에 놓여 있는 경우는 자유가 아무런 소용이 없다. 다양성이 전제되지 않는 양자택일의 선택은 폭력으로 작용한다. 죽음의 선택조차 자유일 수는 없기 때문이다.

모든 종류의 폭력 뒤에는 적극적 자유의 잔혹한 모습이 숨어있다. 이사야 벌린은 그의 논문 「자유의 두 개념」에서 적극적 자유가 품

적극적 자유와 소극적 자유

고 있는 위험을 다음과 같이 경계한다. "적극적인 자유가 자유주의자에게 가치가 있다면 그 목적이 개인의 소극적 자유를 보호하는 수단이 된다는 점에서이다." 나의 자유가 타인에게 폭력으로 행사되어서는 안 된다는 말이다. 이 말은 모든 자유주의자들이 이구동성으로 하는 말일 것이다. 하지만 현실에서는 그렇지 않다. 벌린은 슘페터의 말을 빌려서 논문의 끝을 마무리한다. "자기가 가진 확신의 타당성이 상대적임을 깨닫고도 위축되지 않고 그것을 지키는 것에서 개명된 사람과 야만인이 구별된다." 벌린은 「자유의 두 개념」에서 진리의 다양성을 인정하지 않는 하나로서의 진리는 결국 야만으로 치닫게 되는 것을 경고하고 있다.

이사야 벌린의 이야기

한국어로 번역된 이사야 벌린의 『자유론』에는 소련 법무부 장관 유리츠키가 살해된 이야기를 싣고 있다. 유리츠키는 실존 인물이고 카네가이즈란 인물에게 살해당했지만, 이사야 벌린은 그 이야기를 자신만의 상상력으로 가공해 냈다. 이사야 벌린의 상상력으로 만든 유리츠키 살해 이야기는 '목적이 수단을 정당화한다'는 제목으로 자전적 부록이라는 장에 실려있다. 이 글은 그 내용을 요약한 것이다.

페트로그라드에서 평화롭게 살고 있던 안드레이 이바노프 가족에게 갑자기 불행이 닥쳤다. 병사들이 이바노프 집에 찾아와서 이바노프가 법을 어기고 집에 다이아몬드를 숨겨둔 범죄자라고 하면서 이바노프를 체포하고자 하였다. 사실은 아무런 잘못도 없었다. 그 광경을 보고 아들 표트르는 집에 찾아온 군인 장교를 때리고 사촌 집으로 도망쳤다. 군인들은 사촌 집까지 찾아와서 표트르를 내놓으라고 사촌을 협박한다. "너 죄를 다 알고 있지만 표트르를 내놓으면 법정에서 유죄 선고를 받지 않게 해주겠소." 사촌 레오니드는 군인들의 협박에 굴하지 않고 군인들을 돌려보낸다. 그 사이에 이바노프의 늙은 하인 바실리가 찾아왔다. 바실리는 서류 하나를 표트르에게 보여주면서 탄식한다. "그 죽일 놈들이 부친을 살해하려 합니다."

그 서류에는 이렇게 쓰여 있었다. "병사와 농민과 노동자를 위한 공화국의 법무부 장관 유리츠키의 이름으로 B 대위에게 안드레이 이바노프와 아울러 만약 필요하다면 표트르를 체포하도록 허락한다. 유리츠키!" 표트르는 반으로 접힌 서류 사이에 종잇조각 하나를 발견한다. "안드레이 이바노프, 고로호바야 3번지 오후 3:15 총살. 표트르 이바노프, 같은 날 5:30 처형. 유리츠키." 표트르는 고로호바야 3번지를 급히 찾아갔지만, 아버지는 총살당하고 만다. 그는 반미치광이처럼 거리를 방황하다가 겨우 사촌 집에 도착하면서 정신을 잃어버리고 만다. 그가 겨우 정신을 차리자 늙은 하인 바실리는 표트르에게 복수를 맹세하라고 한다. 그 사이에 군인들이 표트르의 사촌 집을 찾아와서 바실리를 죽인다. 바실리는 죽어가는 순간까지 표트르에게 복수하라고 유언을 남기면서 숨을 멎었다. 표트르와 그의 사촌은 "유리츠키에게 죽음을!"이라고 외쳤다.

유리츠키는 영리하면서도 잔혹한 외모의 소유자로서, 생김새에서부터 광신자라는 표지가 뚜렷했다. 그는 눈썹 하나 까딱하지 않고 사형 명령을 결재했다. 그는 "목적이 수단을 정당화한다"를 삶의 좌우명으로 삼았다. 자기 계획을 달성하기 위해서라면, 어떤 일에 관해서도 망설이지 않았다. 그는 볼셰비키 주요 인물 중 하나였으며, 추진력의 화신이었다. 그는 인간을 두 계급으로 나눴다. 첫째 계급은 자기 앞길에 방해가 되는 사람들이고, 둘째 계급은 자기에게 복종해야 할 사람들이다. 첫째 계급의 사람들은 그에게는 살아 있을 자격이 없는 사람이었다.

표트르는 유리츠키의 비서로 변장하여 유리츠키와 마주했다. 유리츠키는 표트르에게 자신의 우울한 기분을 가라앉힐 이야기를 하나 해달라고 부탁했다. 표트르는 다음과 같이 이야기했다. "아주 옛날에 착한 사람들이 살고 있었습니다. 사람들은 친절하고 고상하여 커다란 재앙을 만나기 전까지 완전한 삶을 즐기며 살았습니다. 형편없는 정부가 새로이 들어서더니 나라를 통치하고 파괴했습니다. 사람들을 피 흘리게 했습니다. 그 우두머리 주변에는 살인자 출신의 잔인하고 영리한 악당이 많았습니다." 그리고 마지막으로 다음과 같이 이야기했다. "많은 사람이 처형되었고, 그중에는 가장 영예로운 시민도 있었습니다. 그의 아들 또한 처형당할 뻔했습니다. 그러나 그 아들은 탈출했고, 사형 명령을 결재한 악당에게 아버지를 죽인 원수를 갚기로 맹세했습니다." 그 말을 끝으로 표트르는 유리츠키를 살해했다. 표트르는 경비병들을 불렀다. "내가 너의 상관을 죽였다." 그가 외쳤다. "이승에서 내 임무는 이제 마쳤다. 내 아버지와 바실리(책에는 레오니드로 되어 있음)가 모두 재판도 없이 처형되었으니, 이제 내가 누구를 위해 살겠는가! 오 아버지, 저도 아버지를 따라 갑니다. 표트르는 죽은 원수의 몸뚱이 위로 육중하게 쓰러졌다.

이사야 벌린은 왜 이러한 이야기를 꾸며 냈을까? 이사야 벌린은 「자유의 두 개념」에서 자유를 소극적 자유와 적극적 자유로 구분하였다. '~부터의 자유'와 '~을 향한 자유'이다. 그 모두가 동전의 양면과 같지만, 그 내면에는 큰 차이가 있다. 한편에서는 권위 그 자체에 고삐를 채우려고 하고, 한편에서는 권위를 자기 손아귀에 쥐려는 차이이다. 어떠한 권위도 한 개인의 행동을 강제해서는 안 된다. 그것은 자유의 박탈이다. 역지사지의 지혜를 망각한 권력의 횡포는 폭력에 불과하다. 우리 사회는 다원성을 포용하는 지혜를 발휘해야 한다. 이사야 벌린은 다원성을 포용하는 소극적 자유를 강조하였다. 그러면서 자신의 계급이나 민족, 자신이 인류 전체의 주인이 된다고 하는 적극적인 이상을 추구하려는 사람들을 경계하였다. 하나만의 기준으로 적극적인 자유를 외치는 것은 프로크루스테스식의 야만성을 정당화하기 위한 가면에 불과하다. 이사야 벌린이 꾸며낸 이야기는 전제정치의 도구로 사용될 수 있는 일원화된 적극적 자유의 위험성에 대한 경고일 것이다. 우리 사회에는 이바노프 가족의 불행, 법무부 장관 유리츠키의 비극이 없기를 기대한다.

악셀 호네트의 사회적 자유

 "가장 나쁜 독자는 약탈하는 군인처럼 행동하는 사람들이다." 니체의 말이다. 하지만 모든 것을 할 수 있는 점령군으로서의 군인이 아니라, 자신이 아는 만큼 이해할 수밖에 없어서 작가의 의도를 잘못 읽었다면 나쁜 독자라기보다는 독자의 한계일 것이다. 나는 악셀 호네트의『인정투쟁』,『비규정성의 고통』,『사회주의 재발명』의 번역판과 몇 편의 논문을 읽었지만, 악셀 호네트의 전체 생각을 한마디로 요약해서 정리할 수는 없다. 다만 그의 생각의 흐름과 내가 이해했던 부분적인 몇 마디만 말 할 수 있다. 악셀 호네트는 이성 실현을 통한 자유의 시현이라는 프랑크푸르트학파의 규범적 이상을 공유하면서 이성의 실현을 막는 기존 사회에 대한 비판을 가한다. 이 글에서는 나의 한계를 인정하면서, 나의 한계를 보충해 줄 대안으로 문성훈의 책『새로운 사회적 자유주의』에서 '사회적 자유주의'에 대한 언급을 참조하면서 악셀 호네트의 사회적 자유를 요약하고자 한다.

　　악셀 호네트에게 개인의 자유란 자아실현이다. 그는 여러 곳에서 '타자 안에서 자기 자신이고자 하는 주체'라는 개념을 자주 사용한다. 즉 그에 있어서 자아실현은 타자와의 관계 속에서 이루어지는 자아실현이다. 헤겔과 같이 호네트에게 있어서 개인은 원자적 개인이 아니라 상호주관적 개인이다. 상호주관적 개인은 타자와의 관계를 소중하게 다룬다. 타자는 주체인 개인 자아실현의 바탕이 되기 때문이다. 그래서 그가 말하는 개인의 자유란 타인과 무관한 나만의 독립적 자아실현이 아니라, 타자와의 상호인정 속에서 타인의 협력을 통해 실현되는 협력적 자아실현이라고 할 수 있다. 상호인정이란 나 자신의 개체고유성을 잃지 않으면서 타자와의 관계를 소중히 생각하는 것이다. 이를 문성훈은 이렇게 표현한다. "상호인정 관계 속에서 각각의 주체들은 타인 속에서 자기 자신으로 존재하게 됨으로써 각기 독립성을 유지하면서도 비로소 타인과 하나가 된다."

　　악셀 호네트가 말하는 사회주의 역시 상호주관적 개인을 전제한다. 그는 『사회주의 재발명』에서 다음과 같이 말한다. "사회주의는 시초부터 근대 자본주의 사회에 대한 내재적 비판 운동이었으며, 이 사회의 규범적 정당화 토대였던 자유, 평등, 우애를 수용했다. 그러나 자유가 개인주의적인 것이 아니고, 따라서 강력하게 상호주관적 방향 속에서 이해되지 않는 한, 이들이 모순 없이 실현될 수 있을 것이라고 믿지는 않았다." 즉 그는 초기 사회주의자들이 고전적 자유주의자들과 마찬가지로 개인주의적 발상에서 벗어나지 못하고 있음을 비판하고 있다. 나아가서 그는 개인의 자유는 사회구성원들이 개인의 자아실현을 위해 필요한 협력자로 간주될 수 있는 곳에서만 가능하다고 보았다. 사회를 원자화된 개인, 파편화된 개인들의 집단으로 보게 된다면 그런 사회에서의 경쟁은 피할 수 없다고 보았다. 그가 말하는 '사회화'는 경쟁이 아닌 협력, 즉 상호인정의 길로 나아가는 것이다. 그는 사회적 자유사상이 경제적 행위 영역만이 아니라, 정치적 의사 형성과 인격적 관계에서도 모두 적용되기를 꿈꾸며, 그때야 사회가 비로소 문자 그대로 '사회적'이 될 것이라고 전망하고 있다.

사회구성원은 사회적 제도에 참여할 때 비로소 자유를 경험할 뿐만 아니라, 이를 실현할 수 있다. 호네트는 이 점을 강조하기 위해 소극적 자유(negative Freiheit)와 성찰적 자유(reflexive Freiheit)라는 두 가지 자유 개념을 예로 든다. 소극적 자유는 외적 강제가 없는 상태이며, 성찰적 자유는 자신이 원하는 바를 스스로 결정하는 것을 의미한다. 사회적 자유는 그 두 가지 자유를 넘어선다. 소극적 자유는 개개인의 자기 보존이라는 근원적 본능을 충족하기 위해 무엇을 어떻게 해야 하는가는 무규정적 상태로 남아 있으며, 성찰적 자유는 이성의 법칙이라는 자기규정이 있기에 무규정 상태에 빠지지는 않지만, 객관적 조건에 대한 언급이 없는 한계를 가지기 때문이다. 그래서 호네트는 사회적 제도를 통해 비로소 개개인은 아무런 강제 없이 자신이 하고자 하는 바를 성찰적으로 규정할 수 있을 뿐 아니라, 사회적 제도가 그 실현을 보장한다고 말한다. 여기서 말하는 사회적 제도는 상호인정의 틀 속에서 관습화된 역할을 수행할 때 자신의 자유를 실현할 수 있는 인륜적 제도를 말한다. 즉 사회적 제도는 법률적 제도만을 의미하는 것은 아니다.

지금까지는 호네트의 사회적 자유의 개괄적인 그림만 그렸다고 할 수 있다. 하지만 문성훈의 분석에 의하면 그도 현실에서는 사회적 자유의 실현에 대해 회의적으로 보고 있었다. 첫째는 경제적 영역이 개인적 관계 영역을 식민화함으로써 자유 실현의 가능성이 축소되었다고 평가하고 있다. 둘째는 시장 자체가 자본 이윤 극대화만 추구하는 상호 경쟁 체제로 재편됨으로써 소비 영역에서도 소비자와 생산자 사이의 힘의 불균형 심화로 인해 생산 기업들이 상품 소비시장을 지배하게 되었다고 분석한다. 결국 사회구성원들은 시장 자체를 협력의 장소가 아니라, 오직 자신의 이익 최상화를 위한 경쟁의 장소로 이해하고, 경쟁의 결과를 오직 자신의 책임으로 보게 되었다고 평가한다. 셋째는 민주적 공론장이 무너진 것을 지적하고 있다. 즉 오늘날 민주적 법치국가는 민주적 공론장을 통해 자신의 정당성을 확보하는 것이 아니라, 거대 자본의 경제적 이해만을 특권화함으로써 일반 대중 사이에 정치 혐오를 초래하고 있다고 분석한다.

물론 호네트는 이러한 사회 변화에 맞서 사회적 자유를 가능하게 하는 제도적 장치들의 회복을 주장한다. 위에서 언급하였듯이 그는 사회가 문자 그대로 '사회적'이 되기를 희망하고 있다. 그러한 희망은 개인 주관적인 패러다임에서 상호주관적인 패러다임의 변화로 가능하다. 사회적이란 말은 고립된 개인이 아니라 모든 것은 관계로 이어져 있다는 깨우침과 다름이 아니며, 그를 바탕으로 나의 권리가 존중되어야 하듯이 타인의 권리도 존중되어야 함을 내포하고 있다. 경쟁이 아니라 협력, 분열을 넘어 공감으로 나아가는 길이 사회적 자유의 실현이다.

아마르티아 센의 인간 이해

    아마르티아 센은 1933년 출생한 인도 출신의 경제학자이면서 아시아 최초로 노벨경제학상을 받은 인물이다. 그의 사상은 오늘날 우리에게도 시사하는 바가 크다고 생각한다. 아마르티아 센에게 있어서 자유는 자기가 소중하게 여기는 어떤 존재가 될 수 있는 능력, 또는 자기가 소중하게 여기는 어떤 일을 행할 수 있는 능력으로서의 자유이다. 그것이 곧 역량으로서의 자유이다. 만약 자유를 liberty와 freedom으로 구분한다면, 그의 자유는 단순히 행동이 구속받지 않는 liberty와는 달리 실제로 사람들이 원하는 것을 행할 수 있는 능력으로서의 freedom에 가깝다. 그렇다고 센의 자유가 강자만의 자유를 강조한 것은 아니다. 센은 역량으로서의 자유를 강조하지만, 사회적 약자들의 역량을 키울 수 있는 쪽을 강조했다.

셴의 자유에 관한 책을 읽으면서 나는 스미스의 사상을 새롭게 조명할 수 있었다. 그동안에는 스미스의 사상이 자유방임과 시장만능주의를 상징하는 신자유주의의 발판이 되었다고만 생각했다. 하지만 셴은 스미스의 사상이 자유방임주의 혹은 시장만능주의로 곡해되는 현실을 개탄하면서, 스미스는 경제학자 이전에 도덕철학자였다는 점을 강조했다. 스미스는 『도덕감정론』에서 이기심과 더불어 동정심 또한 인간의 근본적 동기임을 밝히고 있다. 나는 『도덕감정론』을 읽어보려고 시도하였으나, 책의 페이지 수가 800페이지에 육박하여 직접 읽는 것을 포기했다.

셴은 합리성을 자기 이익의 극대화로 보는 시각은 매우 비과학적이라고 보았다. "자기 이익의 극대화는 적어도 비합리적이지 않다. 그러나 자기 이익의 극대화가 아니라고 해서 그것을 비합리적이라고 주장하는 것은 바람직하지 않다." 이 말은 자기 이익의 극대화가 합리적이기는 하지만, 자기 이익의 극대화가 아니라고 해서 비합리적이지는 않다는 말이다. 그래서 그는 공리주의와 최소비용으로 최대의 효용을 추구하는 호모에코노미쿠스를 합리적 바보라고 비판한다. 자신의 이기적 행위와 효용의 극대화가 결국은 전제적인 비극을 초래하기 때문이다. 셴은 역량의 자유를 말하면서 한편에서는 사회생활에 필요한 협동정신과 희생정신을 강조하고, 또한 모든 사람이 평등하게 자유를 누리는 사회정의를 동시에 추구한다. 이런 측면에서 그의 자유주의는 진보적 자유주의라고 볼 수 있을 것이다.

근대 이후의 경제학이 개인의 이익을 극대화하고 있다는 것은 피할 수 없는 현실이다. 그로 인한 많은 사회적 문제가 발생하고 있다는 것이 비극이기는 하지만, 아직도 뚜렷한 대안은 없다. 물론 나는 악셀 호네트가 말하는 새로운 사회적 자유주의에서 그 희망을 볼 수 있다고 믿지만, 센이 대안으로 제시한 '사회적 커미트먼트가 가능한 개인' 역시 눈여겨 볼만하다고 본다. 이는 타인의 존재에 관심을 두고, 타인과의 상호 관계를 자신의 가치관에 반영시켜서 행동할 수 있는 인간상을 의미한다. 센이 말하는 커미트먼트는 타인의 비참함이 자신에게 아무런 고통을 주지 않는데도, 그것을 없애려고 돕는 것이다. 공감과는 약간의 차이가 있다. 공감은 타인의 비참함이 자신에게도 고통을 주기 때문이다. 센이 말하는 커미트먼트를 우리말로 번역하기 어려워 번역자는 원어를 그대로 사용했을 것이다. 커미트먼트는 영어 사전에 몰입, 약속, 책임, 헌신 등으로 나와 있지만, 센이 의도하는 바는 우리말로 '타인에 대한 배려'에 가깝지 않을까도 생각해 본다.

어쩌면 센이 강조하는 사회적 커미트먼트와 악셀 호네트가 강조하는 상호인정, 사회성이란 개념은 유사성을 가지고 있다고 보인다. 하지만 불교에서 말하는 보살과는 차이가 있어 보인다. 보살은 남이 아프면 보살의 마음도 아파서 자비를 베풀기 때문이다. 보살의 마음은 공감에 가까울지도 모른다. 커미트먼트든, 공감의 능력이든 약간의 차이는 있지만, 모두 우리 사회에서 가장 필요한 개념들이다. 사실 우리 사회에서는 자유보다 외연이 크다고 할 수 있는 인권이라는 개념도 내 것만 철저히 찾으려는 권리로 변질되어 가는 듯하다. 사실 인권은 사회 전체 구성원들이 서로 우애의 정신으로 전체 사회에 자신의 의무를 다할 때만 진정으로 얻을 수 있는 연대적 가치이다. 기소불욕물시어인의 자세 속에 인권의 가치가 있음에도 불구하고 우리 사회는 오직 나만의 권리를 주장하는 측면을 자주 엿볼 수 있어 안타깝기 그지없다.

센이 강조한 실질적 자유, 역량으로서의 자유는 정치적 자유, 사회적 자유, 나아가서 빈곤이나 기아, 혹은 질병으로 인한 조기사망을 피할 수 있는 자유도 포함한다. 센에게 빈곤은 단순히 낮은 소득을 의미하는 것이 아니라 역량의 박탈로 보았다. 그래서 센은 기초교육과 보건은 삶의 질을 향상시킬 뿐만 아니라 소득을 올려 빈곤으로 벗어날 수 있는 능력을 증대시키고자 하였다. 그러한 역량의 확장은 결국 생산성과 소득의 확장으로 이어져서 곧 전체 자유 확장으로 발전한다고 보았다. 센의 인간은 이기심에 지배받는 경제 중심의 수동적 인간이 아니라 사회, 문화, 경제, 윤리적 개념을 포괄하고, 이기적 존재이면서 동시에 이타적 행동을 혼합하는 능동적 행위주체로 규정된다. 센은 잠재 능력과 능동적 행위 주체로서 인간의 역량을 강화하는 것이야말로 발전의 궁극적 목표이며, 그것은 동시에 자유의 확대를 의미한다고 말한다.

자유의 아이러니

    1987년 개정된 우리나라 헌법 전문에는 자유민주적 기본 질서
를 강조한 대목이 있다. "모든 사회적 폐습과 불의를 타파하며, 자율과
조화를 바탕으로 자유민주적 기본 질서를 더욱 확고히 하여"라는 문구
속에 '자유민주적'이라는 용어가 사용되었다. 독재가 가장 극심한 시절
에 탄생한 유신헌법에 자유라는 단어를 헌법 조문에 포함시킨 것을 보
면, 아이러니가 아닐 수 없다. 자유의 반대가 폭력인데, 공권력의 폭력
을 행사하는 독재가 가장 극심했을 시대에 자유를 강조한 것이었다. 폭
력은 그렇게 자유의 탈을 쓰고 역사 속에서 자주 등장한다. 그런데 우리
가 흔히 자유민주주의라고 말할 때 자유란 과연 무엇을 의미하는가? 자
유의 개념 정의는 무척 다양하다. 그래서 최장집 선생은 민주주의가 자
유주의에 기반을 두고 있다는 말 자체가 무의미하거나 공허한 것일 수

있다고 말하였을 것이다.

　　오늘날 우리 사회에서 말하는 자유주의는 고전적 자유주의이기
보다는 신자유주의의 경제적 자유주의에 가깝다. 윤석열 전 대통령이
자주 언급하는 자유도 고전적 자유의 개념과는 거리가 멀다. 고대 그리
스에서의 자유는 도시 공동체에 참여하는 시민 자치로서의 자유, 공적
인 자유이다. 근대 자유론자의 중심에 있는 밀에게 있어서도 자유는 "다
른 사람의 자유를 박탈하거나 자유를 얻기 위한 노력을 방해하지 않는
한, 각자 자신이 원하는 대로 자기 삶을 꾸려나가는 자유"였다. 하지만
시장 자본주의의 발전과 더불어 타인의 자유를 전제로 한 자유는 사라
져버렸다. 오직 사적 자유만 존재할 뿐이다. 공동체에 대한 시민의식도
사라졌다. 오늘날의 자유는 자유로운 경쟁 속에서 개인 이익의 최대화
에만 관심을 갖는 자유이다. 타인의 자유는 관심 밖이다. 시장의 경쟁 속
에서의 승리만 있을 뿐이다. 늑대의 자유가 양에게는 죽음으로 작용하는
자유이다.

　　자유에 대한 개념은 근대에 부각된 개인에 대한 발견에서부터
그 변화가 가속되었다. 근대 자유주의의 출발점을 로크와 에덤 스미스
에서 찾는 학자들도 있다. 로크의 경우는 개인의 노동이 포함된 재산의
보호를 위해 사회계약을 하고 그 속에서의 자유를 말하고 있고, 스미스
에 있어서 자유는 개인의 이기심을 바탕으로 하여 보이지 않는 손에 의

해 경제가 돌아간다고 보았기 때문에 시장의 자기조정 기능 속에서의 자유를 존중하였다. 다분히 자본주의적 삶의 관점에서 바라 본 자유이다. 모두 개인에 대한 발견에서 비롯된 개인 중심적인 자유였다. 그래서 근대 이후의 자유는 변질되었다. 즉 타자와 자연마저도 대상으로 취급하여 그 대상을 자신의 입맛대로 재구성하는 창조로서의 자유가 부각되었다. 좋은 말로 창조이지만, 달리 말하면 타자에 대한 강요이고, 자연에 대한 착취였다.

　　이러한 신자유주의적인 자유 개념이 오늘날의 대세를 이룬다. 물론, 신자유주의가 강조하는 개인의 자유로 인하여 문명의 발전이 급진적으로 발전한 것은 부정할 수 없다. 하지만 빈부격차의 심화라는 그에 따른 부작용 역시 컸다. 그래서 역사 속에서는 정부의 적극적 역할을 주장하며 복지국가의 탄생을 꿈꾼 케인즈주의도 등장했지만, 우리 사회에서는 복지국가 운운하는 것 자체가 포퓰리즘으로 둔갑되어 비난을 받는다. 신자유주의 사회에서 경제적 기득권과 정부 권력의 결탁은 자연스럽기조차 하다. 그런데 오늘날 세상은 여기서 한 걸음 더 나아가서 법을 이용한 폭력까지 거리낌 없이 행사하는 자유까지 등장한다. 이사야 벌린이 경계하는 적극적 자유가 안고 있는 문제점이다. 양의 탈을 쓴 늑대의 자유이다. 이사야 벌린이 말하는 적극적 자유는 내가 내 운명의 주인이 되고자 하는 자유이다. 얼핏 보기에는 적극적 자유가 매력적으로 보일지 몰라도, 벌린은 적극적 자유가 독재를 은폐하는 역할을 수행한다고 경계를 하고 있다. 나의 자유가 타인에게 폭력으로 작용할 수 있다는 것이다.

칼 폴라니는 『거대한 전환』에서 사회를 발견해야 한다고 강조한다. 『거대한 전환』 발문에서 로버트 매키버는 "우리 시대에 닥쳐온 모순들을 극복해 나가는 작업은 오로지 사회, 즉 인간이 서로서로 의존하는 포용력있고 연대심 넘치는 통일체가 무엇보다도 우선한다는 것을 발견할 때에만 기대할 수 있는 일이다"라고 했고, 조지프 스티글리츠는 너무 늦기 전에 지구 공동체의 불균형을 치유할 수 있을 것인가라는 도전에 적극적으로 응해야 한다고 강조했다. 폴라니는 "복합 사회에서의 자유의 의미를 총체적으로 깊이 이해하지 못한다면 우리는 그토록 갈망하는 자유를 결코 얻어낼 수 없는 것이다."라고 하면서, 시장경제는 오직 이윤과 물질적 안녕을 창출하는 것이기에 시장경제 아래서는 평화와 자유를 창출할 수 없다고 하였다. 또한 시장의 자기 조정기능은 유토피아적 환상에 불과하다고 비판하고 있다.

폴라니는 "사회의 발견은 자유의 종말일 수도 있고, 그것의 재탄생일 수도 있다"고 하였다. 자유의 재탄생은 사회의 발견과 함께 모든 인류가 누릴 수 있는 자유를 의미한다. 통제되지 않는 권력은 다중의 자유를 파괴한다. 통제되지 않는 권력을 막는 힘은 깨어있는 시민들의 사회적 연대에만 찾을 수 있다. 그것이 바로 사회의 재발견이다. 신자유주의의 자유는 지배 엘리트들의 이기심으로 무장한 폭력으로서의 자유이고, 소비사회에 물든 대중들에게는 환상 속에서의 자유일 뿐이다. 소비사회는 대중을 획일화시킨다. 개인의 개성은 사라지고 획일화된 개인만 양산한다. 이를 이기상 선생님은 이렇게 표현한다. "현대인은 자기규정의 자유로부터, 실존함으로부터 도망하여 소유를 통해 자신의 존재를 확인하기 위해 상품으로 도피하고 있다. 현대인은 그가 갖고 싶어하는 것을 가짐으로써 자신이 자유롭다는 것을 입증하려 든다." 소유에 집착하는 한 인간은 자동 인형으로 전락한다. 진정한 자유는 소유에서 오는 것이 아니라 공유에서 온다.

대안은 없는가? 나의 '자유'에 대한 관심은 노자, 장자, 불교에 이어 니체와 프로이트, 융에게까지 이어졌다. 이들이 가진 공통점을 한마디로 요약하면 관계 중심적인 세계관을 가졌다는 것이다. 여기서는 불교적 가치관의 몇 가지만 언급하고자 한다. 대승불교의 근본 가치 중 하나는 입전수수라고 볼 수 있다. 현실 종교로서의 불교는 그렇지 않을지도 모르지만, 철학으로서의 불교는 중생이 아프면 내가 아프다는 보살의 마음으로 이웃과 함께 하는 삶을 소중하게 생각한다. 사회적 실천의 강조이다. 또한 불교는 연기설을 바탕으로 하기에 상의상존의 가치관을 바탕에 깔고 있다. 이는 니체의 생각에서도 발견된다. "있는 것은 아무 것도 버릴 것이 없으며, 없어도 좋은 것은 없다." 이러한 생각에는 개인은 사회적 존재이면서 자연의 한 부분이라는 생각이 바탕에 깔려있다. 나와 관계하는 모든 것이 소중하다는 것이다. 이것 역시 불교적 가치관과 유사하다. 폴라니가 말한 사회의 재발견과 새로운 자유는 관계 중심적인 세계관을 가진 불교적 가치관에서도 찾아볼 수 있다. 중생이 아프면, 내가 아프다. 여기에서 사회가 재탄생되며 새로운 자유가 탄생한다고 본다.

자유의 역설, 평등의 그늘

　자유는 외부의 강제가 없는 상태를 말한다. 누구나 공감할 수 있는 이야기이고, 너무나 쉬운 이야기이다. 하지만 인류의 역사를 자유의 확대라고 말할 때, 그것은 이 지구상에서 노예와 같은 삶을 사는 사람이 없어지고, 모든 인류가 평등한 관계로 나아가는 것을 의미할 것이다. 그래서 자유와 평등은 항상 함께 붙어 다닌다. 고대 그리스에서의 자유인은 노예가 아니라 스스로 정치에 참여할 수 있는 시민을 의미했다. 그당시 여자나 어린아이는 자유인이 아니었다. 신 앞의 자유와 평등을 외쳤던 것은 중세 이후부터 시작되었다. 하지만 서구의 역사를 보면 18세기 말에도 노예들이 있었고, 오늘날에도 노예와 유사한 삶을 살아가는 사람들이 존재하고, 새로운 형태의 제국주의가 아직도 존재하는 것을 염두에 둔다면, 자유는 한편에서는 평등을 심각하게 훼손시키고 있다.

오늘날의 자유는 자유의 성장과 함께 평등의 그림자가 짙어만 간다. 자유의 역설이다.

노예의 상태에서 벗어났다고 함은 자신의 삶을 자기 스스로 책임질 수 있다는 것을 의미한다. 자유의 상태는 더 이상 나 아닌 다른 외부의 강제에 의해 내 삶이 구속되지 않은 상태이다. 노예로부터의 해방이라는 상태를 소극적 자유라고 말한다면, 내가 내 삶의 주인이라는 독립이라는 상태는 적극적 자유라고 말할 수 있다. 소극적 자유와 적극적 자유는 이사야 벌린의 구분이다. '~부터로의 자유'는 소극적 자유이고, '~에로의 자유'는 적극적 자유이다. 하지만 벌린은 적극적 자유에 대해 부정적인 견해를 가지고 있다. 내가 적극적으로 무엇을 의도해서 주도적으로 무엇을 하고자 했을 때는 항상 타인에 대한 강제가 내포되어 있기 때문이다. 그래서 이사야 벌린은 적극적 자유의 폭력성을 염려했다.

한편 내가 외부로부터의 어떠한 강제가 없는 상태라고 해도 내가 가난하다든지, 몸이 아파서 남들처럼 자유롭게 여행을 다닐 수 없다면, 나는 자유를 억압당했다고 말할 수 있는가? 우리는 그런 사람에게 자유가 제한되었다고 말하지는 않는다. 자유는 무엇을 선택할 수 있는 다양한 가능성과 함께 그것을 행할 수 있는 능력을 포함하고 있다. 자유롭게 선택하고, 자유롭게 행할 수 있는 능력을 우리는 역량으로서의 자유라고 말한다. 벌린이 적극적 자유를 경계한 측면은 나의 적극적 자유가 타자의 적극적 자유와 충돌을 일으킬 때이다. 하지만 하루하루 살아가는 것이 힘드는 사람들에게 자유는 사치에 불과하다. 그래서 자유를 실현할 수 없는 사람들에게 역량으로서의 자유를 키워주어야 한다고 주장하는 사람들이 등장했다. 아마티아 센과 누스바움이다. 그들은 자유 실현을 위한 사회적인 역할을 강조했다.

나에게 자유의지는 있을까? 나의 욕망이 타인의 욕망이라는 말이 있듯이, 내가 스스로 진정한 자유의 상태에 머물고 있기 위해서는 나는 타자의 욕망에 휘둘리지 말아야 한다. 내가 내 삶에 책임을 지기 위해서라도 자유의지는 존재해야 한다. 그렇지 않다면, 나는 내 삶에 어떠한 책임을 질 필요가 없다. 그런데 우리는 보이는 권력에 의해 내가 조종당하기도 하지만, 보이지 않는 권력에 의해서도 내가 조종당하기도 한다. 사회가 우리에게 폭력을 행사하는 구조로 짜여져 있기 때문이다. 수많은 광고는 우리에게 소비를 부추긴다. 우리는 그러한 광고에 물들어 소비를 일삼으면서도 자유를 누리고 있다고 착각한다. 내가 외부의 힘에 의해 조종당하는 삶을 살고 있다면 그것은 노예의 삶이다. 하지만 자신은 그것을 알지 못하고 자신은 자유를 누리고 있다고 할 때, 과연 그는 자유를 누리고 있는 것일까? 자유의지가 없다고 인정하는 한 인간은 거대한 기계의 부품으로 전락된다. 인간이 인간답게 자신의 가능성이나, 창의성을 발휘하기 위해서라도 자유의지는 필요하고, 그만큼 자유의 가치는 소중하다.

여기까지만 해도 다소 혼란스럽지만, 자유가 무엇인지 개략적으로는 이해할 수 있다. 그러나 우리나라 헌법 전문에 개재된 '자유민주주의적 기본 질서'라는 대목에서는 또다시 혼란에 빠진다. 여기서의 자유는 무엇인가? 공산주의를 반대하는 것일까? 앞에서 자유의 개념을 잠시 살펴보았듯이, 자유는 공산주의와는 아무런 관계가 없다. 고전적 자유주의자인 로크나 스미스가 강조하는 재산의 소유권이나 시장을 공산주의는 부정하기에 자유주의는 공산주의의 반대라고 해석할 수도 있다. 하지만 로크나 스미스가 활동할 시기에는 공산주의라는 개념조차 생기지도 않았다. 자유는 공산주의와는 무관하다. 다만 경제적 자유가 보장되어야 시민적 자유가 가능하고 시민적 자유가 전제되어야 민주주의가 성립한다는 전제에 의하면 자유민주주의에서 자유가 의미하는 것은 경제적 자유임을 알 수 있다. 하지만 그것도 자유를 너무 협소하게 해석한 것이다. 자유를 경제적인 측면에서 바라볼 때 신자유주의, 시장만능주의, 자유방임주의와 같은 자유에 대한 부정적 견해가 싹튼다. 그래서 보수는 자유를 강조하고, 진보는 평등을 강조하는지도 모른다.

　　오늘날 우리는 자본이 만들어 놓은 커다란 기계의 톱니바퀴 속에서 하나의 부품이 되어 움직인다. 그러면서 과시적 소비를 성공과 행복으로 믿고 살아간다. 엄청난 부자유 속에서조차 자신은 자유롭다고 착각하면서 살아간다. 평균 이상의 경제적 부를 가지고 있는 사람조차 더 많은 돈을 벌기 위해 자신을 스스로 불행에 빠트린다. 자유는 결코 무한한 경쟁을 의미하지 않는다. 자유는 이웃과 함께하는 조화와 균형 속에서 진정한 가치를 빛낸다. 자유는 사회적이라는 관계, 타인의 관점에서 자기 행동을 반성하는 태도에서 그 빛을 발휘한다. 자유는 먼 곳에 있지 않다. 불교 십우도의 마지막 단계인 입전수수(入廛垂手)와 같이 이웃과 함께하는 삶 속에서 '내 속에 네가 있고, 네 속에 내가 있음'을 인정하면서 상호 자기실현을 위해 최선을 다하는 삶 속에 진정한 자유의 꽃을 피울 수 있다. 그곳이 바로 자유의 역설이 사라지고, 자유와 평등의 조화가 이루어지는 곳이다.

자유! 버림의 미학

    존케이지가 두드리는 깡통 소리는 음악이고, 엿장수가 두드리는 가위소리는 소음인가? 음악은 소음과 침묵 사이의 모든 우연한 음들의 조화이다. 엿장수의 가위소리도 음악이다. 피아노를 앞에 두고 4분 33초 동안 미동도 하지 않는 연주자도 음악을 연주했다고 한다. 만약 그 연주자가 음악을 연주를 했다고 인정한다면, 그는 청중들의 호기심에 비롯되는 심장의 박동 소리와 웅성거리는 소리를 만들어 냈기 때문일 것이다. 잭슨 폴락이 도화지에 뿌린 물감은 예술작품으로써의 그림이고, 5살 손자가 도화지에 무언가를 그린 것은 낙서에 불과한가? 그것 역시 그것을 바라보는 사람의 마음을 움직였다면 예술작품으로 간주해야 할 것이다. 예술작품이란 어쩌면 감상자의 마음을 울리는 그 무엇이라고 표현할 수도 있을 것이다.

음악이나 미술이 근대 이전에는 귀족들의 전유물이었다. 산업의 발달 이후에야 비로소 대중들도 예술가들의 창작품들을 즐길 수 있었다. 예술작품이 대중에게 사랑받을 수 있었던 것은 대중들의 감성을 자극해서일 것이다. 달리 표현하면 예술작품과 관람자와의 감성적 교감이 예술작품의 가치 평가의 기준이 된다. 그러한 교감에도 다양한 층위가 존재한다. 어떤 음악가는 파바로티의 '별이 빛나건만'이라는 노래를 원어로 들어야 그 맛이 난다고 한다. 나로서는 언감생심이다. 나로서는 다만 음표들의 움직임과 파바로티의 목소리를 듣고, 파바로티의 표정만 가슴에 담을 뿐이다. 원어가 아니어도 듣기에 좋다. 노래 가사에 대한 이해와 함께 파바로티의 노래를 감상하면, 물론 더욱 좋을 것이다. 그렇다고 일반인들이 파바로티의 음악을 제대로 감상하기 위해 이태리어를 굳이 배울 필요는 없다.

장자는 이러한 문제를 이천 년 전에 깨달았다. 『장자』의 첫 장인 소요유에는 대붕의 이야기가 나온다. "대붕은 등이 태산과 같고, 날개는 하늘에 드리운 구름과 같은데 회오리바람을 타고 구만리를 날아올라 남쪽 바다로 간다. 종달새가 이를 보고 말한다. 우리는 뛰어올라 두어 길도 못 가서 도로 내려와 쑥대밭 속에서 펄떡거린다. 우리는 이런 정도도 최고의 비행인데 저들은 대체 어디로 가는 것일까?" 물론 장자는 작은 지혜는 큰 지혜에 미치지 못한다고 이야기한다. 하지만 다음 이야기가 더 중요하다. "대체로 지혜가 겨우 한 관직이나 담당할 만하고 행동이 그 고을 사람에게만 칭찬받을 정도이며, 덕은 그 나라 한 임금의 비위에나 맞는 정도라서 한 나라의 신하로 임명된 자가 스스로 뽐내는 것은 이 종달새와 같은 것이다." 이 말은 대붕의 뜻을 종달새가 알 수는 없겠지만, 작은 벼슬이지만 그 속에서 자기 만족의 즐거움을 누리라는 말로도 해석할 수 있다. 대붕의 뜻은 이 세상의 모든 기준을 넘어서는 곳에 있다. 이 문단의 핵심은 마지막에 있다. 至人無己, 神人無功, 聖人無名. 至人은 나를 버리고, 神人은 공을 버리고, 聖人은 이름을 버리라는 것이다. 가장 높은 단계인 聖人은 모든 구분(名)을 버린다.

장자의 이러한 우언에 대해서는 다양한 해석들이 있다. 종달새보다 대붕이 오히려 자유스럽지 못하다고 해석하는 사람이 있는가 하면, 작은 지혜가 큰 지혜에 미치지 못하는 부분에 방점을 찍어 해석하는 사람도 있다. 그 어느 것도 모두 가능한 해석이다. 다만 나는 장자가 모든 구분에서 벗어나야 한다는 것을 강조했다고 본다. 몸뚱어리인 나를 버리고, 세속적인 공을 버리고, 모든 구분에서 벗어나서 자연의 이치라고 말할 수 있는 도의 깨달음을 통해 대붕의 경지에 오를 수 있다는 것이다. 장자에는 자유와 관련된 대목이 있다. "생을 얻는 것은 때에 맞아서 그런 것이고 생을 잃고 죽어가는 것은 명을 따르는 것 뿐이다. 그때그때 마음을 편히 갖고 변화에 순응하면 슬픔과 기쁨은 끼어들 수가 없다. 이것이 옛날의 소위 현해(懸解)이다." 장자는 절대적인 자유를 위해서 변화에 순응하라는 깨달음을 강조한 대목이다. 필연 속에서 자유를 깨닫는 경지이다.

존 케이지를 이야기하다가 장자까지 왔다. 이 이야기는 소음과 침묵 사이의 모든 것이 음악이고, 백지 위에 뿌려진 물감과 낙서 사이의 모든 것이 미술인 세상에서 내가 어디로 가야 할지 갈피를 잡지 못해서 하는 넋두리다. 존 케이지가 우연성의 개념을 도입한 「크레도 인 어스」는 분명히 내가 좋아하는 브루스 음악이 아니다. 하지만 그것도 음악이다. 음악에 무식한 나에게는 존 케이지의 우연성의 음악은 소음이지만, 음악에 대해 고상한 취미를 가지고 있는 다른 사람에게는 훌륭한 음악으로 들릴 것이다. 나를 버리는 것이 무(無)라면, 무는 결국 모든 것이 된다. 역지사지(易地思之)의 마음도 나를 버리는 것에서부터 시작한다. 나를 버리고 타인의 마음을 헤아리는 것에서 공감의 능력이 발휘된다면, 그곳에서 진정한 자유를 찾을지도 모른다. 그것이 바로 버림의 미학이다. 나를 버림으로써 대붕의 경지에 오를 수 있는 자유를 누릴 수 있을 것은 어쩌면 불교의 무아론과도 일맥상통한다.

갑자기 노벨 평화상을 받은 답 딜런의 'blowing in the wind'의 가사가 생각난다. 그의 노래 가사 속에는 많은 것을 담고 있다. '얼마나 많은'이라는 물음이다. '얼마나 많은 길을 걸어야 사람이 사람이라고 불리울 수 있을까? 흰 비둘기는 얼마나 많은 바다를 건너야 모래밭에서 편안히 잠들 수 있을까? 얼마나 많은 포탄이 날아가야 영원히 포탄이 사라질 수 있을까? 그 대답은 바람결에 흩날리고 있다네, 그 대답은 불어오는 바람 속에 있다네.' 소음과 침묵 사이의 얼마나 많은 음악을 들어야 음악이 무엇인지 알 수 있을까? 얼마나 많은 눈물을 흘려야 눈물의 진정한 의미를 알 수 있을까? 아니면 얼마나 많은 구속을 당해야만 자유가 무엇인지 알 수 있을까? 답 딜런의 노랫말 속에 비움의 미학이 있고, 참된 자유가 있다.

2부

사회적이란 말은 상호인정을 의미하지,
결코 배제나 무시를 포함하지 않는다.

새로운 사회적 자유

    동네 수영장에서 수영한 지 30년이 넘었다. 부모님에게 물려받은 체력 때문인지, 수영을 오래 해서인지는 몰라도 아직도 60대 수영 동호인 중에서는 기록이 상위권이다. 수영장에서는 다양한 접촉 사고가 발생한다. 지금은 힘에 부쳐서 선두에서지 않지만, 선두에서 수영할 때 후미를 잡을 경우도 발생한다. 후미에서 수영하는 사람은 대부분 여성이다. 선두인 내가 후미의 여성을 따라잡아 그 여성의 발을 건드리는 때도 있지만, 대부분 대수롭지 않게 생각한다. 후미에 선 여성은 "내가 선두에게 잡혔구나!"라고 생각하고 선두에게 자리를 내어 준다. 함께 수영하기에 가능한 이야기이다. 다른 수영장에서 서로 모르는 사람끼리 수영할 때는 있을 수 없는 이야기이다. 성추행범으로 고소당할지도 모른다.

나는 요즘 나보다 스피드가 빠르지 않은 사람을 앞에 두고 수영한다. 나보다 수영 속도가 빠르거나, 비슷하면 그 사람을 따라다니기에 힘이 들기 때문이다. 60 후반의 나이에 수영 속도를 증가시키겠다고 젊은 사람들을 따라다닌다면 그것은 서쪽으로 지는 태양이 지지 않으려고 발버둥 치는 꼴일 것이다. 황혼의 빛은 자연 그대로일 때 더욱 아름답게 빛난다. 며칠 전에는 배영을 하는 데 힘이 넘쳐나서 속도를 조금 높였다. 그런데 내 머리로부터 앞 사람의 발차기 움직임이 감지되었다. 속도를 줄여야 했다. 내가 스피드를 줄이는 사이에 나를 따라오던 뒷사람이 자기 스피드를 줄이지 못하여 접촉 사고가 발생하였다. 뒷사람의 팔이 내 다리를 친 것이다. 수영하다 보면 자주 발생하는 일이었다. 도로에서 이런 일이 발생했다면 전방 주시의무의 소홀이지만 수영장에서는 전방주시가 쉽지 않다.

나는 수영을 중단하고 뒷사람에게 이야기했다. "조금 천천히 따라오세요!" 뒷사람은 마스터 반인 우리 레인에 합류한 지 얼마 되지 않은 50대로 보이는 남성이었다. "죄송합니다. 배영이라서 앞을 못 봐서 그랬습니다." 속으로는 "수영을 꽤나 했을 텐데 그러면 머리에도 눈을 달고 다니는데 왠 헛소리냐!"라고 생각했지만, 내 속마음을 표현하지는 않았다. 내 입에서는 다른 말이 나왔다. "예! 괜찮아요!" 수영 수업이 끝나고 젊은 수영 강사가 나에게 와서 물었다. "무슨 일이었습니까? 혹시 앞사람을 따라가지 못하면 순서를 바꾸어 보시지요?" 왠 엉뚱한 소리인가 싶었다. 상황 파악을 전혀 못 한 엉뚱한 질문이었다. 그래도 어쩌겠는가? 나는 내 나름대로 접촉 사고가 난 상황을 수영 강사에게 자초지종을 설명하였다.

그러는 중 접촉 사고를 낸 50대 남성이 내 말에 끼어들었다. 약간은 격앙된 표정이었다. "배영을 하는데 머리에 눈이 달린 것도 아닌데 어떻게 앞사람을 봅니까? 내가 뭘 잘못했습니까?" 나도 순간 짜증이 났다. "강사가 나에게 물어봐서 조금 전 상황을 강사에게 이야기하는 중입니다. 내가 당신에게 불만이 있다고 이야기하는 것이 아니지 않습니까?" 서로의 목소리가 포르테로 바뀌고 있었다. 순간적으로 상황 반전이 필요하다고 판단하여 화제를 돌렸다. "내가 보니깐 수영을 잘하시는 것 같은데, 다음부터는 두 번째 서서 수영하시는 것 어떻습니까?" 나는 네 번째에서 수영한다. 그러자 그도 태도를 바꾸어 목소리를 낮추었다. "아! 저는 저에게 짜증을 내는 줄 알고 착각했습니다. 죄송합니다." "괜찮습니다. 내가 왜 선생님에게 짜증을 냅니까? 수영장에서의 접촉 사고는 비일비재하지 않습니까?" 그러면서 서로 웃으면서 헤어졌다.

오늘 조금 늦게 수영장에 가니깐 그 사람이 두 번째에 서서 수영하고 있었다. 서로 눈인사를 나누었다. 수영 중에 앞 두 사람의 움직임을 살펴보았다. 선두와 두 번째 서서 수영하는 그 사람은 세 번째인 사람과 차이를 두면서 열심히 수영하는 모습이 보였다. 나름 조화가 이루어져 보였다. 수영 끝나고 나서 세 번째 선 사람이 말한다. "앞의 두 사람 너무 빨리 달려서 못 따라가겠어요! 선생님도 앞에 서는 것 어떻습니까?" "무슨 소리! 괜찮아요. 쉬엄쉬엄하세요! 저는 그것이 좋아요." 사실 그렇다. 동네 수영은 선수가 되기 위해 훈련하는 것이 아니라, 각자 자신의 건강을 지키기 위해 수영하는 것이다. 운동량이 지나치게 많은 것도 문제이고, 지나치게 적은 것도 문제이다. 그 중간을 선택하여 자신이 스스로 조절하면서 즐기면 된다.

수영장에서 일어난 작은 사건이지만 여기서도 사회의 한 단면을 볼 수 있다. 우리는 어쩌면 지나치게 자기중심적으로 행동하는지도 모른다. 자기중심적인 사고가 결국 경쟁을 유발시킨다. 경쟁이 성장의 동력으로 보는 사람도 있지만, 지나친 경쟁이 현대 사회의 많은 부조리, 부정의, 부조화, 불균형을 낳기도 한다. 사회가 지나친 경쟁 사회로 변모될 때 적극적 자유는 늑대의 폭력으로 작용한다. 자기중심적인 사고를 극복하기 위해 불교가 말하는 연기적 관계로 사회를 본다면, 나도 물론 소중하지만 나를 제외한 이 세상 모든 것 모두 소중하다고 생각하지 않을까? 그로부터 타인을 경쟁 관계가 아니라 상호협력 관계로 보게 되고, 참다운 자유를 느끼지는 않을까? 그 속에서 상호인정은 물론이고 협력을 통한 새로운 발전도 가능하다. 그것이 바로 새로운 사회적 자유이다. 여기서 사회적이란 말은 상호인정을 의미하며, 배제나 무시를 포함하지 않는다.

영화 '씨받이'에 담겨있는 자유

    새벽에 잠이 깨는 경우가 있다. 그럴 때는 TV를 켜서 영화 채널을 돌린다. 가끔은 흘러간 명화를 감상하는 호사를 누리기도 한다. 오늘 새벽에는 86년도 임권택 감독의 사회주의의 재발명 「씨받이」를 보았다. 인터넷을 검색해보니 그 영화로 배우 강수연은 아시아 최초로 베니스 영화제에서 여우주연상을 받았다고 한다. 40여 년 전의 영화이지만 영화의 마지막 자막이 나의 새벽잠을 뺏어갔다. "옥녀는 그로부터 1년 후 자진했다." 양반집 가문에 아들을 낳아주고 자신이 낳은 자식을 뺏어긴 후 산골에서 어머니와 함께 살다가 1년 후에 결국 자살했다는 내용이었다. 자신이 낳은 피붙이를 자신이 돌볼 수 없을 때 오는 소외의 감정은 이루 말로 다 표현할 수 없을 것이다. 인간은 자유로운 선택이 차단되었을 때 좌절할 것이다. 옥녀의 선택은 철저한 소외가 낳은 참담

한 비극이었다.

영화를 감상한 후 까닭 모를 혼란한 마음에서 잠을 이룰 수 없었다. 가난을 극복하기 위해 씨받이로 나선 사람들에게 자유란 무엇일까? 조선시대의 평민들은 노예 생활이 아닌 자유로운 생활을 했겠지만, 그들에게 과연 선택의 자유가 있었을까? 선택의 자유도 자유의 범주에 포함되어야 함은 분명하다. 하지만 선택의 자유는 자유로운 선택이 가능하도록 해주는 자유의 조건이 전제되어야 한다. 씨받이를 원하지 않았지만, 그럴 수밖에 없었다면 자유의 조건이 이루어지지 않은 것이다. 선택의 자유는 자유의 조건과 불가분의 관계를 맺고 있다. 오늘의 현실에서도 충분히 상상할 수 있다. 정치적인 다툼도 선택의 자유와 자유의 조건에 대한 충돌일지도 모른다. 부자가 자신의 노력에 의해 축적된 재산을 자신 마음대로 처분할 수 있는 선택의 자유를 강조하는 반면, 가난한 자도 최소한의 기본적인 삶을 유지할 수 있는 최소한의 조건을 만들어달라는 요구가 충돌할 때 문제가 발생한다. 하지만 그 다툼의 끝은 영원히 지속할지도 모른다. 기본적인 삶이라는 기준을 정하기가 어렵기 때문이다.

영화 「씨받이」의 여주인공 옥녀는 가난을 벗어나기 위해 씨받이의 역할을 선택했다. 옥녀에게는 가난도 문제였지만, 또 다른 문제도 있었다. 옥녀는 씨받이라는 단순한 계약관계를 넘어서 자신과 합방한 양반 상규를 사랑하게 되었다. 그곳에서 비극이 시작되었다. 씨받이였던 옥녀의 어머니는 옥녀에게 "절대로 정을 주지 말아라"라고 그렇게 당부했건만, 옥녀는 어머니의 말을 듣지 않았다. 옥녀는 상규를 사랑하게 되었고, 상규 역시 옥녀를 사랑하게 되었다. 그렇게 옥녀는 임신하게 되었고 아들을 출산했다. 옥녀는 자신의 품에 안긴 자식을 상규의 부인에게 빼앗기자 광분한다. "내가 낳은 내 새끼를 왜 내가 빼앗겨야 하는가?" 어머니가 말한다. "우린 인간이 아니야!" 영화 「씨받이」의 옥녀와 양반 상규와의 관계는 차가운 계약관계를 넘어선 따뜻한 인간의 정이 개입되었다. 또한 생명의 탄생이라는 끊을 수 없는 인간의 정을 끊어버림에 대한 옥녀의 참을 수 없는 분노의 감정은 결국 스스로 목숨을 끊는 것으로 결말이 났다. 인간의 정이란 뜨겁지만, 우리를 파멸로 이끌기도 한다.

오늘의 현실에서 생각해보자. 오늘날 씨받이는 아니지만 수많은 노래방에서 도우미 역할을 하는 여성들이나, 지금은 점차 사라지고 있는 창녀촌의 여성들 역시 단순한 계약으로 자신의 성을 팔면서 생계를 유지한다. 그 생계의 수준은 천차만별일 것이다. 그들 중에는 돈을 모아서 시골에 계시는 부모님을 돕는 효녀도 있다고 들었다. 물론 개인의 방탕한 생활로 인한 빚을 갚기 위한 최후의 선택으로 그러한 직업을 선택한 사람도 있을 것이다. 아무튼 모든 곳에는 수요가 있기에 공급이 있음은 분명하다. 또한 그 역도 마찬가지이다. 어느 것이 먼저인가의 문제보다는, 그곳에서 발생하는 씨받이와 유사한 차가운 계약관계가 정당한가의 문제이다. 정당하지는 않지만, 어쩌면 그들은 자신만의 자유로운 삶을 위해서 성이라는 조건을 이용할 뿐이라고 생각할지도 모른다. 영화 씨받이의 옥녀를 비난할 수 있는가?

우리 사회는 개인주의적 자유주의가 넘치는 사회이다. 그곳에서는 자유의 조건에 대한 기준이 무너지게 된다. 그리스의 폴리스가 붕괴하면서 등장한 에피쿠로스학파와 스토아학파가 그렇다. 그들에게 필요한 것은 오직 개인의 구원뿐이었다. 그들은 "내가 갖는 것일 뿐, 사로잡히지는 않는다"고 말한다. 즉 그들은 작은 것에도 스스로 즐거움을 누리지만, 즐거움이 나를 노예로 만들 수는 없다고 생각한다. 그래서 그들의 생각으로는 노예이지만 자유를 느낄 수 있는 것이다. 자유의 조건은 다른 말로 하면 자유를 누리기 위해서는 역량을 키워야 한다는 말이다. 자유는 항상 역량으로서의 자유가 뒤따른다.

영화 「씨받이」가 나를 괴롭힌 것은 선택의 자유와 자유의 조건에 균형을 이룰 수 있는가에 대한 문제 때문이다. 이 문제는 기회균등의 문제이기도 하다. 그것은 결국 정의로 이어진다. 그만큼 자유의 문제는 여러 가지의 가치가 얽혀있기에 쉽게 풀어내기가 어렵다. 요즘 내 주변에는 주인인 것 같지만 노예이고, 노예인 것 같지만 주인인 사람들이 많다. 그것은 자신이 가진 자유의 조건에 대한 생각의 다양함 때문일 것이다. 여기서 아마르티아 센의 자유 개념을 잠시 생각해보자. 그에게 자유는 자기가 소중하게 여기는 어떤 존재가 될 수 있는 하나의 능력이다. 자유는 자기 생각을 실천에 옮기는 힘이다. 그것이 곧바로 역량으로서의 자유이다. 양반집 하녀가 옥녀에게 서방님을 넘보지 말라고 말하자 옥녀가 하는 말이 기억에 남는다. "양반집에서는 잠자리에서도 예의를 따진다며? 그것이 문제인 거야." 옥녀는 기존의 양반과 천민이라는 사회적 질서에 도전하면서 비록 차가운 계약이었지만 자유로운 성을 선택했다. 차가운 계약과 자유로운 성의 선택으로 탄생한 자식에 대한 애틋한 정! 우리는 어떤 자유를 선택해야 하는가?

영혼의 자유인, 조르바

　　카잔차키스는 『영혼의 자서전』 중 조르바 편에서 자기 삶에 큰 영향을 미친 것은 여행과 꿈이고, 인물로서는 호메로스, 붓다, 니체, 베르그송, 조르바였다고 밝히고 있다. 카잔차키스에게 호머는 우주 전체를 비추는 태양처럼 평화롭고 찬란하게 빛나는 눈을 가진 자였고, 붓다는 세상 사람들을 구원하는 한없이 깊은 눈을 가진 자였다. 한편 니체는 불운과 괴로움과 불확실성을 자부심으로 바꾸도록 가르쳤으며, 베르그송은 나를 괴롭히는 모든 철학의 온갖 문제들로부터 해방시켜 주었고, 살아있는 사람으로 조르바는 자신에게 삶을 사랑하고 죽음을 두려워하지 말라고 가르쳐 주었다고 한다. 카잔차키스는 삶의 길잡이 한 명을 선택하라고 하면 조르바를 선택하겠다고 한다. 펜대 운전사 카잔차키스는 원시적인 영혼을 지닌 조르바를 동경했다.

호메로스에 대해서는 내가 아는 바가 없기에 언급할 수 없지만, 붓다와 니체, 베르그송은 『그리스인 조르바』에 등장하는 조르바의 인간상과 연결고리를 찾을 수 있을 것이다. 불교와 조르바를 억지로 연결시킨다면, 영혼의 자유를 추구한다는 점일 것이다. 물론 조르바에게는 불교의 깨달음을 위한 선 수행 같은 자세는 전혀 찾아볼 수 없다. 조르바가 추구하는 영혼의 자유는 수행을 통해서가 아니다. 그의 자유는 내면에서 울려 나오는 야만의 목소리에 귀를 기울이는 자연 그대로의 것이다. 조르바가 삶을 대하는 자세는 불교보다는 오히려 니체의 가르침과 유사할지도 모른다. 기존의 모든 윤리적인 규범을 파괴하고 어린아이의 모습으로 돌아가라는 위버멘쉬에 대한 니체의 가르침이 조르바의 삶에 대한 긍정하는 태도 속에서 드러난다. 또한 언어를 뛰어넘은 곳에서 비롯되는 조르바의 춤에서는 디오니소스적 환희가 보여주는 무제약적인 창조의 정신도 엿 볼 수 있다. 베르그송의 창조적인 생명성에 대한 가르침도 조르바와 연결고리를 찾을 수 있다. 베르그송은 인간은 자동기계가 아니며, 매 순간 삶을 새롭게 창조한다고 보았다. 삶을 줄기차게 전진하도록 하는 내적인 힘이 바로 생명의 약동이다. 조르바에게는 이러한 생명의 약동이 살아 숨 쉰다.

　　카잔차키스의 자서전 중 조르바 편은 『그리스인 조르바』의 주제를 잘 요약하고 있다. 조르바는 허공에서 힘을 포착하는 원시적인 관찰력, 창조적 단순성, 자신의 영혼을 마음대로 조종하는 대담성, 인간이 주변에 세워 놓은 도덕이나 종교, 고향 따위의 모든 울타리를 때려 부수려는 야수적인 웃음을 지녔다. 카잔차키스는 그러한 조르바 앞에서 자신의 영혼에 대해 수치를 느꼈다고 한다. 조르바가 관습과 신중함의 안식처에서 벗어나서 새로운 세계로 떠나자고 하는 요청에 그는 떨고 있었다. 이러한 장면은 소설 곳곳에서 등장한다. "조르바가 부러웠다. 그는 진리를 발견한 사람이었다. 지금 세상이 아닌, 좀 더 원시적이고 창조적인 시대였다면, 조르바는 한 종족의 추장쯤은 넉넉히 했으리라." "조르바는 내 내부에서 떨고 있는 추상적인 관념에 따뜻하고 사랑스러운 살아 있는 육체를 부여했다. 조르바가 없으면 나는 다시 떨게 되리라." "조르바의 춤을 바라보며 나는 처음으로 무게를 극복하려는 인간의 처절한 노력을 이해했다. 나는 조르바의 인내와 그 날램, 긍지에 찬 모습에 감탄했다. 그의 기민하고 맹렬한 스텝은 모래 위에다 인간의 신들린 역사를 기록하고 있었다." "조르바는 '당신은 가망 없는 펜대 운전사'라고 하였다. 조르바는 위대한 인간이었다."

　카잔차키스는 글쓰기의 목적은 현실을 망각하도록 돕는 것이 아니라, 선과 악, 빛과 어둠의 투쟁에서 선과 빛이 승리하도록 만들기 위함이었다. "글을 더 많이 쓰면 쓸수록 나는 작품에서 내가 아름다움이 아니라 구원을 위해 투쟁한다는 사실을 점점 더 깊이 깨달았다." 카잔차키스의 자서전에서 그는 크레타 섬의 한 벽화 속에서 자신이 추구하고자 하는 것을 찾았다고 한다. 날치 한 마리가 공기를 마시려고 바다에서

펄쩍 뛰어오르는 그림이었다. "그것은 숙명을 뛰어넘고, 자유로운 공기를 숨 쉬고, 견딜 수 있는 한 짤막한 순간이나마 새가 되고 싶었기 때문이다." 그는 작은 지느러미를 펼치고 날아오르는 날치의 모습에서 자유를 위하여 투쟁하는 불굴의 영혼을 보았다. 조르바의 춤에는 모든 구분에서 벗어난 자유로운 사람의 영혼이 그곳에 담겨져 있었다. 어쩌면 그의 춤은 디오니소스적인 환희의 춤일지도 모른다. 니체는 디오니소스적 도취와 아폴론적 균형의 결합을 추구했다. 카잔차키스가 추구한 것도 조르바의 자유스러운 영혼과 그의 추상적인 관념의 조화였다. 하지만 자신에게서는 찾을 수 없었던 영혼과 육체의 조화를 이룬 조르바가 그에게는 영웅으로 비추어졌을 것이다.

펜대 운전사는 조르바와 헤어지고 나서 조르바에게 전보를 받는 장면이 소설 마지막 대목에 나온다. "멋진 녹암을 찾았음. 즉시 오시오, 조르바" 하지만 펜대 운전사는 자신의 내면에 있는 야만의 목소리를 따르지 않았다고 하면서 조르바에게 그곳에 갈 수 없는 경위를 설명했다. 조르바가 그에게 보낸 답장은 다음과 같았다. "당신은 가망 없는 펜대 운전사올시다. 평생에 한 번이라도 그 아름다운 녹석을 봐야 하는 건데, 당신은 보지 않았어요. … 지옥이 있습니까, 없습니까? 그러나 어제 당신의 편지를 받고 나는 두목 같은 펜대 운전사에게는 지옥이 있다고 확신했습니다." 그 글의 의미는 펜대 운전사인 카잔차키스는 삶의 진정한 가치를 모른다는 말일 것이다. 그 이후로 카잔차키스는 조르바에게 편지하지 않았다고 한다. 하지만 그는 친구들에게 조르바는 위대한 인간 이라고 말을 했다. 조르바는 그림자가 되어 그를 계속 따라다녔다. 그는 조르바의 모습을 있는 그대로 그리고 싶었다. 그것이 『그리스인 조르바』의 탄생이고, 죽은 조르바의 부활이었다. 카잔차키스는 조르바를 통해 영혼과 육체의 조화를 꿈꾸었다. 원시적인 영혼의 자유가 육체를 살찌운다. 우리에게도 영혼이 자유로운 조르바가 필요할지도 모른다.

전작권 환수와 자유

　　지인이 전작권 회수와 관련된 페이스북 글을 읽다가 나는 장군 출신인 친구와 나눈 대화가 생각났다. 친구는 우리나라가 지금 전작권 회수하기에는 시기상조라고 이야기했다. 미군이 가지고 있는 정보력을 우리가 보충할 수 없기 때문이라고 한다. 군과 관련된 정보가 없는 나로서는 친구의 이야기를 믿을 수밖에 없었다. 그래서 친구의 생각을 댓글로 달았다. 그런데 지인의 생각은 달랐다. 국제 국방력 5위인 우리나라는 전작권을 회수할 수 있는 능력을 갖추고 있다고 생각하였다. 나로서는 어느 쪽 이야기가 맞는지 판단할 수 없었다.

　　주변에 지인이 많다는 것은 나의 판단을 올바르게 이끌 수 있는 데에 큰 도움이 된다. 나는 전작권과 관련된 문제를 러시아에서 중앙아시아 문화 인류학을 전공한 정 박사에게 물어보았다. 그와는 며칠 전에 '이란-이스라엘 전쟁과 그 이후의 세계정세'라는 타이틀로 세미나도 개최하였다. 그는 중동지역에서 일어나는 전쟁뿐만 아니라 중앙아시아와 관련된 세계적인 역학 관계를 꿰뚫고 있었다. 그는 세미나 말미에 세계 정세와 한반도의 관계에 대한 그의 생각도 밝혔다. 만약 중동에서의 전쟁이 격화되어 한국, 일본, 필리핀 등에 있는 미국 병력이 그곳으로 투입되면, 그 공백을 이용하여 중국과 러시아가 남하할 것이라는 전망이다. 나는 "전쟁은 모두의 공멸인데…"라는 생각을 지울 수 없었다.

전작권과 관련된 정박사의 의견도 전작권은 회수되어야 한다고 보았다. 다만, 전작권 회수와 함께 미국의 스타링크를 잃게 된다고 하였다. 또한 스타링크는 외교로써 해결할 수 있다고 진단했다. 나는 정박사의 견해에 전적으로 공감했다. 물론 '스타링크를 잃게 된다'라는 표현에는 다소 문제가 있었다. 스타링크는 상용 위성통신 서비스이기에, 전작권과는 아무런 연관이 없다. 미국에 돈만 지불하면 언제든지 사용할 수 있는 위성망이다. 나는 나아가서 이런 생각을 해봤다. 만약 한반도에 전쟁이 벌어졌는데 전작권이 우리에게 없고 미국에 있다면, 나라의 운명을 미국에 내맡긴 꼴이 된다. 미국의 입맛에 따라 우리의 운명이 좌지우지된다는 것이 말이 되는가? 미국은 한 생명을 구하기 위해 사투를 벌이는 의사가 아니다. 미국은 자신의 이익에 따라 움직이는 하나의 국가일 뿐이다. 그런 나라에 이 나라의 운명을 맡길 수는 없지 않은가? 그것은 노예의 삶이다. 전작권과 관련해서 우리는 아직도 자유롭지 못하다.

그런데 자유라는 말은 참으로 애매하게 사용된다. 할 수 있는 능력은 있지만 하지 않는 것도 자유이다. 능력은 있는데 움직이지 않는다면 무슨 소용이 있겠는가? 우리는 '자유'라는 이름의 주인기표를 사용하지만, 그 주인기표에 저마다 각자의 의미를 투영한다. 슬라보예 지젝은 그의 책 『자유』에서 '자유'에 대한 합의가 중요하다고 하면서 그러한 합의를 통해 현실적인 실행력을 발휘해야 한다고 보았다. 그는 자유의 개념에는 미묘한 차이가 있다는 것을 인정한다. 사실 영어에 자유라는 두 단어 liberty와 freedom에는 미묘한 차이가 있다. 그는 위키백과를 인용하면서 이렇게 말한다. "리버티는 사회의 법규를 벗어나지 않으며, 타인의 자유를 침해하지 않는 책임 있는 자유를 말한다. 이에 반해 프리덤은 포괄적인 개념으로, 억압으로부터의 완전한 해방이나 자신의 욕구를 충족시키는 무한의 능력을 나타낸다. 예를 들어 사람을 살인한 자유(프리덤)를 가질 수 있지만, 동시에 살인할 자유(리버티)를 가질 수는 없다."

프리덤과 리버티의 차이를 지젝은 헤겔이 말하는 추상적 자유와 구체적 자유의 대립으로 치환하기도 한다. 그러나 간단하게 말하면 추상적 자유는 비정상적인 충동이 폭발한 자유이고, 구체적 자유는 일련의 사회 규칙과 관습 내에서 벌어지는 자유이다. 즉 규칙과 금지에 의해 규제되는 사회적 공간 내에서 실현되는 자유이다. 지젝은 구체적 자유의 양상도 시대가 변함에 따라 변하게 된다고 보았다. 지젝의 지적은 정확했다. 이승만 시대의 자유와 21세기의 자유는 달라져야 한다. 이승만 시대의 전작권과 지금 시대의 전작권을 바라보는 시각이 달라야 하는 이유이기도 하다.

지젝은 이렇게 말한다. "불안과 공포로 가득했던 상황에서의 자유는 당연히 리버티가 아닌 프리덤이었다. 리버티가 정착된 것은 전쟁 이후 일상이 회복된 이후였다." 이런 논리라면 프랑스 혁명시기의 자유는 프리덤이었을 것이다. 프리덤이 활개를 치면 사회의 모든 규범이 무너지게 된다. 그래서 이러한 개념 구분은 지속되어서는 안 될 것이다. 이런 상황이 지속될 때 국민들은 권위주의적인 정권을 지지하게 된다. 그 상황 속에서 국민들은 자신들의 자유로운 선택을 통해 선거를 치루었다고 생각하지만, 그들은 보이지 않는 폭력으로 작용하는 언론이나 전문가, 혹은 여론에 자신의 생각이 얽매여 있다는 것을 알지 못한다.

진정한 자유는 우리의 운명을 결정할 무언가를 선택하도록 강요 받을 때 발생한다. 내가 오늘은 점심으로 무엇을 먹을까 선택하는 데 주저함이 있을 때 자유로움을 느낀다. 지젝은 벤자민 리벳의 말을 인용하면서 자유의 기본적인 모습은 무언가를 하려는 자발적인 결정이 아니라 자발적인 욕구를 막는 금지의 형태라고 보았다. 자유란 금지에 기반을 두고 있지만 최종적으로 자신이 가장 원하는 것을 포기하는 것이 진정한 자유의 행위라고 보았다. 이는 불교에서 말하는 무아의 경지를 깨닫는 것과 유사하다. 그동안 지켜왔던 미국에 대한 의지가 하나의 아상(我相)이라면, 이제는 그 아상을 버려야 할 때가 오지 않았을까? 그 속에서 진정한 자유를 찾을 수 있지 않을까?

역지사지와 자유

　　"일제 치하에서 어쩔 수 없이 친일하면서 살았던 사람들은 모두 무죄인가요?" 30대 후반의 조카가 나에게 던진 도발적인 질문이었다. 지난 일요일 저녁 가족 모임이 있었다. 가족 모임은 항상 즐겁다. 무엇보다도 젊은이들의 생각을 들을 수 있어서이다. 나는 30대 후반 조카에게 다소 정치적인 질문을 던졌다. "얼마 전에 창당한 '조국혁신당'에 대한 젊은이들의 생각은 어떠냐?" 새로운 신당에 대한 나의 감정은 배제한 질문이었지만, 내심 조카의 답변에 일말의 긍정을 기대했었다. 하지만 조카의 답변은 나의 기대를 무너뜨렸다. 반전이 있는 삶이 생동감을 주기는 하지만, 당황스럽기는 했었다. 조카의 답변은 짧고, 단호했다. "20, 30대 젊은이들은 조국을 싫어할 겁니다." 나로서는 그 이유가 궁금해졌다. "왜 그렇게 생각하지?" 그는 한순간의 주저함이 없이 확신에 찬 목소리로 대답했다. "입으로는 공정과 정의를 외쳤지만, 자식을 위해 인턴 경력 증명서 등을 위조했잖아요. 그것은 공정과 정의에 어긋나기 때문이지요!" 5년 전쯤 뉴스에서 듣던 말 그대로였다.

인간의 눈이 얼굴의 앞과 뒤, 그리고 양쪽 옆에도 달렸다면 우리는 완벽한 인식에 도달할 수 있을까? 어쩌면 뇌가 우리의 눈을 통해 들어온 온갖 상들을 종합하기 위해 혼란스러워서 작동을 멈출지도 모를 일이다. 아무튼 인간은 어느 한쪽만 볼 수밖에 없는 한계를 지닌 불완전한 존재이다. 시각의 차이가 있는 만큼 입장의 차이는 당연하다. 다만 차이를 좁혀갈 뿐이다. 나는 그의 생각을 다시 듣고 싶었다. "그 당시에는 모두 그랬단다. 너 동생도 내가 아는 사람에게 부탁해서 사회봉사 활동 같은 서류를 만들었던 것으로 기억해. 물론 그 서류가 대학 입학에 결정적인 영향을 미치지는 않았지만, 그 당시에는 많은 사람이 그랬단다." 나는 내 딸이 대학 입학하던 때에 평범한 직장생활을 하고 있었다. 내 기억으로는 그 당시 봉사활동과 같은 형식에 불과한 서류는 이웃에게 부탁해서 얼마든지 작성할 수 있었다. 딸의 경력을 조금 꾸몄을 뿐이다. 대학 입학에 그것이 결정적인 영향을 미쳤다면 위조일 수 있겠지만, 그렇지 않을 경우에는 단순한 포장일 뿐이라고 생각했었다.

"삼촌! 나는 그 당시 아무런 포장도 하지 않고 학교 성적으로만 대학에 입학했는데요?" 그는 특별한 봉사활동 증명서 없이 내신성적으로만 Y대학교를 입학했다. 조카와 나의 딸이 대학 입학했던 시점은 2000년대 후반이다. 조카의 말속에는 상대적 박탈감이 포함되어 있음을 직감했다. 그의 아버지는 서울에서 조그마한 사업을 하고 있었기에, 자식의 공부에 관심을 가질 여유조차 없었다. 그런 조카의 처지에서는 인간 조국에 대한 부정적인 시각이 생길 수밖에 없었을 것이다. 그런 측면에서는 그의 말을 공감했다. 하지만 그런 증명서의 유무가 대학 입학에 어떻게 적용되었는가에 대해서는 내가 알 수 없는 영역이었다. 다만, 나의 머릿속에서는 본말전도, 침소봉대 등 여러 단어가 연상되었지만, 조카의 말에 특별한 반론은 하지 않았다.

한편으로는 이런 생각도 했었다. 계몽을 그렇게 강조했던 볼테르도 노예 무역회사에 투자하였고, 마틴 루터 킹도 여성 문제가 있는 완벽한 사람이 아니었다. 인간은 누구나 완벽하지 않다. 다만, 인간을 평가함에 있어서는 개인의 사소한 잘못보다 그가 무엇을 위해 살았는가가 더욱 중요할 것이다. 최소한 볼테르는 계몽에 이바지했고, 마틴 루터 킹은 정의를 위해 투쟁했으며, 전쟁을 반대하기 위해 목소리를 높인 것은 분명했다. 아무튼 조국은 딸의 학교 성적을 위조한 것도 아니고, 인턴 경력서 시간을 늘렸다는 이유로 많은 비난을 받았다. 그것은 마치 옷을 탈탈 털어서 나는 먼지를 모아 심장에 쌓여 있는 양심의 땟자국으로 덮어씌운 것과도 같았다. 그것이 젊은이들에게는 주홍글씨처럼 조국의 땟자국으로 각인된 것으로 보였다.

조카는 "그 당시에는 모두 그랬다"라는 나의 말에 "그렇다면 일제 치하에서의 친일한 행동도 모두 무죄냐?"라고 도발적인 반문했다. 조카의 반문에는 논리적 비약이 있었지만, 그러한 문제를 가지고 조카와 설전을 벌이고 싶지는 않았다. 조카와의 대화는 다음과 같이 마무리되었다. 조카의 말이었다. "만약 조국이 그 당시의 잘못에 대해 사과했다면, 많은 젊은이들이 조국을 이해했을 겁니다. 그런데 그는 사과하지 않았지 않습니까?" 그때 그의 아버지가 우리의 대화에 끼어들었다. "무슨 이야기냐! 조국은 여러 차례 사과했단다." "아! 그런가요? 내가 잘못 알고 있었네요." 듣고 싶은 것만 듣고 보고 싶은 것만 보는 것은 늙은이, 젊은이 가릴 것 없이 모든 사람의 공통된 특징인 것 같았다.

조카와의 대화를 통해 많은 것을 생각하게 되었다. 특히 대화 중에 조카가 한 말이 나를 괴롭혔다. "젊은이들을 걱정하지 마세요. 젊은이들은 스스로 자신의 미래를 잘 헤쳐 나갈 겁니다." 어른들이나 잘하라는 이야기였다. 그 말이 틀린 말도 아니다. 오늘의 사회가 위기라면, 그 위기는 어른들이 만들어 놓았기 때문이다. 열린 마음을 가지고 적극적으로 대화에 참여한다는 것은 한편으로는 타인의 시선에서 자기를 반성할 수 있는 자세가 전제되어야 한다. 우리는 젊은 세대들의 이야기를 열린 마음으로 경청해야 하고, 공감해야 한다. 미래의 주인공은 그들이기 때문이다. 리프킨은 공감 의식만이 존재와 당위의 간극을 극복할 수 있다고 하였다. 세대 간의 벽도 공감의 확장으로 허물어트릴 수 있을 것이다. 공감의 확장은 우리 주변에 우리가 공유하고 있는 모든 것들에 대한 사랑에서 시작된다. 측은지심이 동정의 마음이라면, 역지사지는 공감 능력의 확장을 위한 바탕일 것이다. 조카와의 대화에서 또 다른 반성을 해본다. 측은지심이 아니라 역지사지의 마음이다. 자유도 그곳에서 출발한다. 자유란 타인의 자유를 헤치지 않는 범위에서의 자유이기 때문이다.

생활 속의 인정투쟁

       평일 아침은 손자 유아원 등교시키는 것이 나의 일이다. 아침 7시 20분쯤 집에서 출발하여 이웃에 사는 딸의 집에 가서 손자를 유아원에 등교시킨다. 집에서 유아원까지는 약 30분 걸린다. 국회의사당을 지나 서강대교를 지날 때는 손자가 한강을 보며 "우~와!"라는 감탄사를 지른다. 20개월 지난 손자의 감탄이 무엇에 대한 감탄인지는 알 수 없다. 기분이 좋을 때는 지나가는 큰 차들을 보고 감탄사를 남발하기도 한다. 차 뒷좌석에서 할머니와 함께 재미있게 노는 손자를 보면서 나는 생각한다. "가능하면 조심스럽게 운전하자!" 굳이 빨리 갈 이유도 없다. 그래도 가끔 옛 습관이 나온다. 급차선 변경은 하지 않지만, 차선변경은 자주 하는 편이다. 빠른 길을 찾기 위해서이다.

나의 목적지는 세브란스병원 어린이집이다. 그곳을 가는 도중에 신촌 철길 아래 삼거리 길이 있다. 이 길은 아침 시간에 항상 차량정체가 발생한다. 나는 신촌명물거리에서 세브란스 병원 쪽으로 좌회전 신호를 받고 움직인다. 때에 따라서는 신호를 세 번씩이나 받을 경우도 있다. 철길 밑을 지나는 차선 중 좌측 두 개 차선은 연세대로 진행하는 길이고, 우측 한 개 차선은 금화터널 쪽으로 가는 길이다. 이대 쪽에서 연세대 방향으로 우회전하는 차량이 많아서 철길 밑 도로의 세 개 차선을 모두 막는 경우에는, 신촌명물거리에서 금화터널 방향으로 가는 차선으로 진입하기가 매우 어렵다. 차들이 꼬리를 물고 양쪽 차에서 들리는 경적에 한순간 아수라장이 된다.

오늘도 그곳에 차량정체가 발생했다. 명물 거리에서 금화터널로 진행하기 위해 좌회전 신호를 받았다. 그런데 나와는 진행 방향이 다른 이대 쪽에서 연세대 방향으로 가는 차들이 앞 차의 꼬리를 물고 서 있는 바람에 내 차가 금화터널 방향으로 진행 할 수 없었다. 나는 특유의 순발력을 발휘했다. 차량들 사이의 작은 틈새를 발견하고 내 차량의 머리를 우선 들이밀었다. 그런데 내 앞차가 좌회전 깜빡이를 켜고 꼼짝을 하지 않는다. 내가 보기에는 차량들 사이의 틈새가 있기에 충분히 움직일 수 있는데, 그 차는 움직이지 않는다. 그 차량 앞에는 도로가 텅 비어 있었다. 아내가 묻는다. "저 차량은 왜 저렇게 혼자 길 중앙에서 다른 차량의 진행을 방해해?" 그 한 차량 때문에 금화터널 쪽으로 진행하려는 모든 차량이 움직일 수 없었다. 평상시 같았으면 경적을 울렸을 텐데 오늘은 자제했다. "운전이 조금 서툰 모양이네!"라고 아내에게 대답했다.

　　　운전하다 보면 그렇게 차선을 막고 자신이 가야 할 길만을 고집하는 차들을 자주 목격한다. 그 사람은 "난 내 갈 길만 갈꺼야!"라는 마음가짐으로 운전할 것이다. 운전이 서툰 내 딸이 그렇게 운전하기에 이해 못하는 바는 아니다. 하지만 운전이 서툴지 않지만 그렇게 운전을 하는 사람은 다소 병적인 사람이라 할 수 있을 것이다. 지나치게 자기중심적인 사람이다. 자기 생각이 항상 옳고, 자기반성에는 인색한 사람이거나, 타인에 대한 배려가 없는 사람일 것이다. 그렇더라도 어찌하겠나? 내 기준에는 맞지 않지만, 세상을 나와 생각이 같은 사람끼리만 살 수는 없지 않은가? 오늘은 난 그냥 기다렸다. 경적을 울려본들 그 차량의 운전자는 어찌할 수 없었을 것이다. 운전이 서툰 내 딸이 그 차의 운전자라고 생각하면 모든 것이 용서된다.

　　　이 세상의 모든 사회구성원을 모두 내 가족이라고 생각할 수 있다면 이 세상에 생사를 건 투쟁 같은 것은 없을 것이다. 가족은 내가 곧 우리이고, 우리가 곧 나인 관계이다. 상호 주체성을 갖고 행동하지만, 상호보완적인 관계에 있다. 그 속에서 나는 참된 자유와 함께 참된 자기실현을 이룰 수 있다. 물론 가족관계 속에서도 자기 통제가 필요하다. 그것은 가족 구성원을 상호 존중하기 때문이다. 상호존중이 곧 상호인정이다. 자기중심적일 때 투쟁이 발생한다. 하지만 가족이라는 공동체 속에서는 내가 곧 가족이고, 가족이 곧 나이기에 투쟁은 발생하지 않는다. 물론 너 속에 내가 있고, 내 속에 네가 있는 기본적인 가족관계가 무너졌으면 주인과 노예와 같은 생사를 건 투쟁이 발생할 것이지만 말이다.

세상 모든 일도 그와 유사하다고 생각한다. 우리는 같은 공동체 안에 수많은 이웃과 함께 어울려 살아간다. 잘난 사람은 잘난 대로 살고, 못난 사람도 못난 대로 살아간다. 잘난 사람들이 우리끼리만 잘살자고 할 때나, 못난 사람들이 우리가 이 세상에 중심이 되어야 한다고 강조할 때 문제가 생긴다. 서로를 배려하고 존중하는 삶이 바람직하지만, 그것이 말처럼 쉽게 이루어지지 않는다. 나는 요즘 손자에게 더 좋은 세상을 물려주기 위해 나 혼자 많은 반성을 한다. 경쟁이 아니라 상호 인정하려고 노력한다. 어쩌면 타인을 인정하기 위한 자신과의 투쟁인지도 모르겠다. "운전이 서툰 사람인가 보구나! 그래! 인정할게!" 타인에 대한 인정은 나의 인내 혹은 성숙에서 비롯되는 것 같다.

앞으로 30년 후, 손자에게 보내는 편지

　　근대 이후 서양 철학사에서 자유에 대한 변천사는 칸트의 자율로서의 자유에서 헤겔의 타자와의 관계 속에서 자유를 거쳐 공동체와의 조화 속에서의 자유로 발전했다고 거칠게 요약할 수 있을 것이다. 이러한 자유에 대한 탐구를 지속하다가 책꽂이에 있던 김태길 선생님의 『변혁시대의 사회철학』이 눈에 띄었다. 책장을 들춰보니 1990년에 초판이 발행되었다. 90년이라면 내가 경제적인 문제로 대학원 진학을 포기하고 회사 생활하던 시절이었다. 그런데도 그 책이 내 서재에 꽂혀있는 것을 보면 회사생활을 하면서도 철학에 대한 관심은 버리지 않았던 모양이다. 70을 바라보는 나이이지만, 대학시절 사두었던 책을 읽으면서 강단에 서고자 했던 옛꿈을 상상하면서 책을 읽는다. 사회철학에 관한 관심은 아직도 사라지지 않았다. 책을 읽다가 30년 전 김태길 선생님이 진단한 한국 사회의 당면 과제가 오늘날까지도 이어지고 있다는 점을 발견하고 깜짝 놀랐다.

"우리가 자유방임에 가까운 19세기적 자본주의의 테두리를 벗어나지 못한다면, 빈부의 격차, 쾌락주의적 소비 성향, 사치와 낭비 등의 불합리를 극복하기는 매우 어려울 것이다." 그러한 지적은 오늘날에도 유효하다. 그가 진단한 한국인의 의식에도 크게 변함이 없어 보인다. 그는 한국인의 의식을 세 가지로 분류했다. 첫째, 이성보다도 감정이 우세하다는 것이다. 그것도 한, 원망, 증오, 시기. 앙심 등 부정적인 것이 많고, 긍정적으로 볼 수 있는 사랑의 감정은 보편적이며 무차별적 큰 사랑보다 혈육의 정, 동향의 정과 같은 작은 사랑에 치우친다고 보았다. 둘째, 내면적인 가치보다는 외면적 가치를 선호하는 경향을 가졌다고 진단했다. 즉, 돈과 쾌락, 그리고 권력과 지위에 얽매인다는 것이다. 셋째는 지나치게 개인주의의 성향이 강하다고 지적하였다. 개인주의가 지나쳐서 이기주의의 풍조까지 팽배하다고 보았다. 30년이 지났지만 한국인의 의식은 그대로인 것 같았다. 어쩌면 더 퇴화했을지도 모른다.

그는 이어서 다음과 같이 말한다. "자유민주주의를 표방한 지 반세기가 지나도록 그 이름에 부합한 현실을 갖지 못했다는 것은, 우리들의 의식 수준이 그 이름을 감당할만한 단계에 이르지 못했음을 간접적으로 입증한다." 30년 전에도 자유민주주의에 걸맞는 우리의 의식이 발전하지 못했다고 비판하고 있다. 지금도 마찬가지지 않을까? 하지만 30년 전 그는 소수의 지성적 엘리트들이 사회적 역할을 충실히 수행하면 국민의 의식 수준을 향상시킬 수 있다고 보았다. 책의 내용을 그대로 인용한다. "자유민주주의 사회의 건설을 위하여 최선의 노력을 기울이는 것이 우리 한국의 당면 과제이다. 현재의 대다수 한국인의 의식 수준은 자유민주주의 사회의 실현을 위해서도 부적합한 점을 남기고 있으나, 이 정도의 결함은 높은 의식 수준에 선착한 소수의 지성적 엘리트의 인도로서 극복할 수 있다고 생각한다." 과연 그런가? 높은 의식 수준에 선착한 소수의 엘리트! 그들은 지금 어디에 있을까?

그는 이어서 우리나라의 문화는 소비 위주의 문화이며 향락 추구의 문화라고 보았다. 30년 전에도 그랬다면, 지금은 더 심할 것이다. 그는 소비 위주, 향락 추구의 문화가 아니라 자아실현을 중심으로 하는 새로운 문화 풍토의 조성을 위한 사회 전반적인 노력이 공정한 분배의 제도와 직결되고, 교육의 기회균등과도 직결된다고 보았다. 그런데 왜 그러한 말들이 공허하게 들리는지 모르겠다. 알면서도 실천에 옮기지 못해서일까? 아니면 알지만 실천에 옮기기에는 기득권의 저항이 너무 심해서 실천에 옮기지 못하는 것일까?

마지막으로 그는 법질서의 확립을 강조하였다. 공정한 입법과 법의 준수가 자유민주주의 국가의 성패를 좌우하는 중요한 조건이라고 한다. "비록 법의 제정은 공정하다 하더라도 그 법을 어기는 특권층이 있거나 일반 국민의 법을 준수해야 한다는 의식 수준이 낮을 경우에는 그것을 위반하는 사례가 빈번하게 일어날 것이다." 30년 전의 이러한 지적에도 불구하고 30년이 지난 지금 우리 사회는 변화가 없다. 오히려 검찰 독재라는 초유의 사태도 경험했다.

김태길 선생님은 1980년대 시대의 문제점들을 정확하게 진단하였다. 그러나 30년이 지난 오늘의 시각에서 보면 물질적인 문명은 놀라울 정도로 발전하였지만, 의식의 측면에서는 큰 변화는 없다. 나는 지금 30년 전에 출판되었던 그의 글을 읽고 이 글을 쓰지만, 30년 후의 내 손자가 할아버지의 글을 읽었을 때 그는 과연 어떤 이야기를 할지 궁금해졌다. 그래서 최소한 내 손자들이 할아버지의 글을 자랑스러워할 만한 한 대목은 남기고 싶어졌다.

자유민주주의라는 말에서의 자유는 개인주의적 인간관을 바탕에 깔고 있다. 즉 개인의 사적 자유를 소중하게 생각한다. 여기에서 자유는 내 재산을 나 스스로 지키는 자유이다. 그러나 무제한의 자유는 사회적 혼란과 타인의 불이익을 초래하게 된다. 여기서 '자유의 역리'라고 부를 수 있는 모순을 방지하기 위해 자유의 제한은 불가피하게 된다. 자유의 제한은 어디를 기준으로 하는가? 역지사지이다. 역지사지의 정신에 바탕을 둔 자유, 그것이 바로 공동체를 위한 자유이고, 타자와의 상호인정을 바탕에 둔 자유이다. 그러한 자유를 스스로 실천할 때 국민 전체의 의식 변화가 일어나지 않을까? 소수의 지성적 엘리트들의 인도에는 분명히 한계가 있다. 그들은 능력주의의 환상에 빠져 자신만의 자유를 즐기고 있었을지도 모른다. 물론 그렇지 않은 지성적 엘리트들도 많지만, 그들로부터의 변화는 한계가 있다. 중요한 것은 나의 변화이다. '기소불욕 물시어인(己所不欲 勿施於人)', 즉 자기가 하기 싫은 일을 남에게도 시키지 않는 공자의 말속에 동양적 자유가 숨어있다. 30년 후에는 그러한 자유를 누리는 사회가 되기를 소망해 본다.

파이어족에 담겨있는 자유

    반야심경을 읽고 있는데 막내딸 가족이 놀러 왔다. 읽던 책을 덮고 반갑게 그들을 맞이하였다. 이제 갓 돌을 지난 손녀는 나를 좋아한다. 나를 보자마자 함박웃음을 머금은 채 서툰 걸음으로 나에게 달려와서 안긴다. 그러한 매 순간순간이 행복이다. 불교가 말하는 '조고각하'나 '본래면목'도 지금 여기 너의 눈 앞에 펼쳐진 바로 그곳에서 행복을 발견하라는 깊은 깨달음이 담겨있는지도 모른다. 저녁을 먹는 중 사위가 묻는다. "장인어른! 파이어족이 뭔지 아십니까?" 난생처음 들어본 단어이었다. "파이어? 뭐~불꽃처럼 살다가 가는 인생이란 말인가?" 막내 사위의 나이는 30대 후반이다. "저도 이해할 수 없지만, 요즘 젊은 사람들 사이에서는 그런 말이 유행하는 것 같습니다." 핸드폰으로 검색을 해봤다. 파이어족의 파이어는 불꽃이 아니었다. '경제적 자립(Financial

Independence)'과 '조기 은퇴(Retire Early)'를 합쳐서 만든 'FIRE'였다.

　　최근 자발적 자유주의의 확산으로 미국 민주주의가 무너지고 있다는 마이클 샌델의 글을 읽은 기억이 났다. 파이어족이란 용어도 미국에서 시작되었다. 나쁜 것은 왜 그리도 빨리 전파되는지 모르겠다. 파이어족은 젊은 시절에 불같이 돈을 벌고 극단적으로 소비를 줄여서 돈을 모은 후에 40대에 조기 은퇴하는 꿈을 가지고 사는 사람을 의미한다. 그들은 부자가 되고 싶은 것이 아니라, 조기 은퇴 후에 자기가 하고 싶은 것을 하면서 사는 것이 그들의 꿈이다. 그런 그들에게 결혼은 족쇄였다. 그런 그들에게 공공의 선이라는 개념은 귀신 씻나락 까먹는 소리로 들릴 것이다. 오로지 개인만이 존재한다. "타인의 자유를 해치지 않는 범위 내에서 자신의 자유를 누리는 것이 무엇이 문제인가?" 그들은 이렇게 물을 것이다. 이러한 자유관이 바로 요즘 젊은이들의 생각인 것 같다.

　　미국은 독립전쟁에 승리하면서 영국으로부터 해방되었다. 미국의 독립을 이끈 힘에는 자유에 대한 믿음과 공공선을 이루겠다는 정신이 바탕에 깔려 있었다. 그러나 독립 이후 미국은 공공선을 이루겠다는 시민 자치의 정신이 점차 사라지고 있었다. 공적 정신이 사라지고, 사치와 사리사욕의 물결이 미국을 휩쓸게 되었다는 말이다. 공적 정신이 사라지는 현실에 대한 한탄으로 조지 워싱턴은 다음과 같이 말을 했다. "우리가 걸어가길 기다리는 평탄한 길이 우리 앞에 있었다. 그런데 우리는 거기에서 추락했고, 길을 잃어버렸다. 정말 부끄럽고 참담하다." 그 당시만 해도 미국은 시민적 자유관이라고 부를 수 있는 공공의 선에 대한 관심이 있었다. 하지만 그 이후 시민적 자유관의 자리에 자발적 자유관이 들어서서 미국의 민주주의가 몰락하고 있다고 보는 것이 마이클 샌델의 생각이다. 시민적 자유관은 함께 살아가는 자유를 의미한다. 여기서 시민이란 자기를 온전한 인간적 존재로 만들어 주는 미덕이 공공의 선이라는 생각을 가진 사람들을 의미한다.

자유는 참으로 소중한 가치이다. 하지만 자유에 대한 정확한 개념 정의가 힘이 든다. 샌델처럼 시민적 자유관과 자발적 자유관으로 구분할 수도 있고, 이사야 벌린처럼 소극적 자유와 적극적 자유로 구분할 수 있다. 하지만 자발적 자유관이나 적극적 자유관이 민주 공화국의 적인 것만은 분명하다. 이사야 벌린은 적극적 자유가 더 많은 자유를 위한다는 명분 아래, 독재를 은폐하는 역사적 역할을 계속하여 수행하고 있다고 지적한다. 소극적 자유의 부작용보다 적극적 자유의 부작용이 더 크다고 보았다. 이리 떼의 자유가 양 떼에게는 죽음을 뜻한다는 것이다. 권리의 주장에는 통제도 필요하다. 통제할 수 없는 권리의 남용은 만인을 노예로 만들 뿐이다. 마찬가지로 고삐 풀린 경제적 자유 속에 평등의 가치도 몰락한다.

사위가 던진 파이어족이 어제 저녁 식사 시간 내내 내 머리에서 떠나지 않았다. 사위는 치통으로 술을 마시지 못했지만, 나는 파이어족에 대한 생각 때문에 막걸리 세 병을 단숨에 마셨다. 아침에 일어나니 머리가 떵하였지만, 정신은 맑았다. 자유에 대해 메모해둔 여러 가지 글들을 다시 읽어보았다. 자유에 대한 동양의 사고와 서양의 사고가 큰 차이가 있었다. 동양의 사고에는 자연과의 합일에서 자유를 추구하였다면, 서양의 사고는 개인을 중심으로 한 자유의 추구였다. 진정한 의미에서의 자유는 개인을 넘어 자연과 공동체와 함께하는 자유이지 않을까? 앞에서 언급한 조지 워싱턴의 자유도 공동체 의식을 바탕에 둔 자유였다.

서구의 몰락하는 정신을 우리가 배울 필요는 없다. 동양적 정신의 우수성을 재발견하여야 한다. 불교의 연기설은 관계 중심적인 사고가 바탕에 깔려 있고, 노장의 유무상생의 진리도 개별자의 독단적 존재를 염두에 두고 있지 않다. 유교의 극기복례에서도 예는 곧 자연의 질서였다. 동양적 사고에는 개인주의가 발붙일 곳이 없다. 우리는 이러한 동양적 사고의 우수성 속에서 살면서도 서구의 자유만, 그것도 자유에 대해 비뚤어진 사고만 받아들인다. 서구의 개인주의는 이제는 변화되어야 한다. 개인의 가치보다 시민의 가치가 더욱 존중되어야 할 것이다. 그 속에 진정한 의미의 자유가 숨 쉴 수 있다. 하지만 문제는 공동체의 붕괴이다. 그러니 파이어족도 탄생하는 것 같다. 잘못 해석된 적극적 자유관이 공동체 붕괴의 원흉일지도 모른다. 역지사지의 마음속에 진정한 자유가 살아 숨 쉰다.

상호인정이 사라진 사회

　　주민자치 활동하면서 구청을 대상으로 항의 문구가 담긴 현수막을 제작하여 아파트 입구 나무들 사이에 걸어두었다. 그런데 며칠 전 구청에서 별다른 통보 없이 현수막을 가져갔다. 우리 돈으로 제작한 사적 재산인데 왜 아무런 통보도 없이 가져갔을까? 구청 가로경관과에 전화해서 짜증 난 어투로 따졌다. "주민의 권리를 주장하기 위해 아파트 사유지 내에 설치한 현수막인데, 구청에서 함부로 가져가는 것이 정당한 것입니까?" "예! 정당합니다. 저 현수막은 불법 광고물입니다. 억울하다고 생각하시면 소송하십시오!" 가는 말이 곱지 않았기에 오는 말이 차가웠다. 할 말이 없었다. 불법이라는데 무슨 말을 하겠는가? 그래서 인터넷을 이용하여 옥외광고물법에 관해 검색해봤다. '단체 또는 개인의 적법한 정치활동 또는 노동운동을 위한 행사 또는 집회 등에 사용되는 광고물'은 불법 광고물에 해당하지 않는 것으로 해석할 여지가 있는 것 같았다.

다시 전화했다. 하지만 이 조항을 언급하면서 항의하지는 않았다. 대신 화를 가라앉히고, 차분한 어투로 문의했다. "그래도 사적 재산에 해당하는데, 아무런 통보도 없이 가져가시면 어떻게 합니까? 혹시 돌려주실 수 없을까요?"라고 부드럽게 물어보았다. 돌려줄 수도 없다고 한다. 돌려받으려면 과태료를 물고 가져가야 한다고 한다. 나는 구청 공무원과 다투기는 싫었다. 그래서 끝까지 차분한 목소리로 "미리 통보해 주었으면 스스로 수거했을 텐데, 그 부분이 아쉽습니다."라고 했더니 공무원은 뜻밖의 말을 전해준다. "선생님! 이 말씀은 안 드리려고 했는데 말씀드립니다. 저희는 주민의 항의가 들어오면 꼼짝없이 그 민원을 처리해야 합니다. 이번 건도 주민의 항의가 있어서 항의한 주민이 보는 앞에서 수거했습니다. 수거하지 않으면 업무태만으로 민원을 넣겠다는데 어찌합니까?" 뜻밖의 답변이었다. 가는 말이 고우면 오는 말도 고운 것은 만고의 진리인 것 같았다.

힘든 세상이다. 같은 아파트에 살면서도 서로 생각이 다른 사람들이 많다. 현수막 제거와 관련된 민원을 넣은 사람의 눈에는 우리가 제작한 현수막의 내용이 눈에 거슬렸을 것이다. 우리가 내 건 현수막은 전임 구청장이 우리 구의 발전을 위해 한 일을 계속 시행하라는 내용이었다. 현수막 제거 민원을 넣은 사람은 전임 구청장과 소속 정당이 다른 현 구청장을 지지하는 사람일지도 모른다. 만약 이런 상황에서 내가 그 사람과 만나서 대화를 나누었다면 서로 적당한 타협을 할 수 있었을까? 아니면 하나의 결론을 얻을 수 있었을까? 아마 말싸움으로 번질 가능성이 컸을 것이다. 현대 사회철학자 하버마스는 생활세계 내에서의 합리적인 의사소통 가능성을 이야기하지만, 현실에서는 이루어지기가 쉽지 않음을 절감했다. 현실 속에서의 개인들은 파편화되어 있어 서로 자신의 갈 길만을 갈 뿐이다. 정치가 여야 합의라는 소통을 잊어버리고 양분되니 국민들도 양분되는 꼴이다.

소비사회의 특징이 정치의식에도 이어져서 그럴까? 소비사회의 특징은 거대 자본이 만들어내는 상품에 동일하게 반응하고, 그 상품들을 소비하면서 자신의 살아있음을 느낀다. 나는 TV에서 방영하는 연예나 오락 프로그램을 보지 않는다. 뉴스조차도 보지 않는다. 바둑이나 스포츠 중계, 가끔 영화는 시청한다. 그래서 주변 사람들이 유명한 가수나 연예인의 이름을 언급할 때 나는 딴 세상의 사람이 되어 버린다. 정치의식도 유사할 것이다. 어떤 사람이 특정 정당이 쏟아내는 선전만을 아무런 비판 없이 수용한다면, 그 사람은 그 정당의 로봇으로 전락할 것이다. 소비에 길들여진 인간이나 마찬가지이다. 그러니 서로 다른 정당을 지지하는 사람들끼리 부딪히면 대화 자체가 불가능하고, 오직 서로가 서로를 배제하는 비극적 상황만 초래된다.

물론 하버마스는 합리적인 의사소통을 위한 대화의 방법을 제시하고는 있다. 즉, 상호 이해될 수 있게 소통해야 하며, 항상 진리를 말하면서 정확한 표현을 사용하며, 말하는 사람의 의도에 있어서 성실해야 한다는 것이다. 하지만 현실에서는 소통 자체가 이루어지지 않는다. 대화의 장이 이루어지더라도 대화보다는 감정이 앞선다. 상대편의 말을 경청할 자세가 안 되어 있다. 벽을 쌓고 대화를 한다. 서로가 서로의 벽을 허물지 않는다. 벽을 허물지 않는 곳에서는 끼리끼리 문화만 정착된다. 결국 소통의 부재는 극한투쟁만 초래할 뿐이다. 그로 인한 불안이 오히려 독재를 부추긴다. 혼란보다는 독재 속에서의 안정을 추구하는 꼴이다. 결국 소통 부재, 투쟁, 불안, 독재라는 순환의 고리를 만든다. 이것이 우리의 현실일지도 모른다.

나는 공존, 공생의 문화 속에서 우리 사회의 문제점을 해결할 수 있다고 믿는다. 그 실마리가 주인과 노예의 변증법 속에 있는 상호인정이다. 헤겔의 주인과 노예의 변증법은 사실 이해하기 어려운 것이 아니다. 우리 주변에 쉽게 찾을 수 있다. 가장 손쉽게 찾아볼 수 있는 것이 가족관계에서 이다. 결혼 초기에는 서로 주도권 경쟁이 벌어진다. 그러다가 남편이 주도권을 잡는다. 부인은 남편의 권위를 인정하면서 조용히 가정의 일에만 충실한다. 남편은 부인의 내조를 향유한다. 그리고 그 즐거움에 익숙해진다. 그러다가 남편의 경제적 능력이 떨어질 즈음에는 아내가 점차 주도권을 잡아간다. 남편은 그때서야 아내의 소중함을 깨닫는다. 아내의 내조가 있음으로 자신이 존재함을 깨닫게 되는 것이다. 결국 부부는 상호인정 속에서 서로의 진정한 자유를 누릴 수 있게 된다. 그것이 주인과 노예의 변증법에서 등장하는 인정투쟁과 상호인정이다. 목숨을 건 주인과 노예의 인정투쟁이 결국 상호인정으로 끝을 맺는다. 지금 우리는 바로 그러한 상호인정이 필요한 사회일지도 모른다.

사적 자유와 공적 강제

모 대학병원 감염내과 교수란 사람의 글이 놀랍다. "안티 백서들의 신념과 이기심이야 그들의 자유라고 하지만, 그들을 위해 내가 낸 세금과 건강보험료가 소모되는 것에는 동의하기 어렵다." 이 글을 읽는 순간 저런 의사는 평생 만나지 않기를 소망했다. 세금은 국민 모두가 낸다. 본인과 생각이 다르다고 해서 그들을 위해 세금이 사용되면 자신이 낸 세금이 소모되는 것인가? 대학교수란 사람의 발상치고는 너무나 유치하다. 하긴 E마트 부회장이라는 사람이 멸공을 주장하자, 대통령 후보로 출마한 사람이 E마트에서 멸치와 콩을 사는 사진을 공개하는 세상이니 세상에 유치가 넘친다. 의과대학 교수나, 재계의 부회장이나 대통령 후보까지 어쩜 그렇게 유치할까?

백신을 반대하는 사람들은 그들 나름대로의 다양한 이유가 있을 것이다. 백신의 효과에 대한 불신도 있을 수 있지만, 백신의 부작용에 대한 두려움이 가장 클 것이다. 백신의 효과는 이미 과학적으로 밝혀졌다. 코로나 백신은 코로나를 예방하는 효과는 부족하지만, 중증으로의 진행을 막아준다는 것은 밝혀졌다. 그렇다고 백신 접종을 전 국민에게 강제할 수는 없다고 생각한다. 부작용이 없는 완벽한 약이 아니기 때문이다. 백신의 부작용으로 사망에 이르는 사람들도 다수 있다. 오늘까지 코로나로 인한 사망자 수가 6,000여 명이다. 백신 접종으로 사망했다고 신고 된 건수는 1,100여건이고, 중증 부작용으로 고통을 받았다고 신고 된 건수는 1,300여 건이다. 그중 인과관계가 밝혀진 건수는 불과 몇 건 되지 않는다. 상황이 이러한데도 백신을 강제할 수 있을까?

TV에 자주 나오는 모 대학병원 교수는 페이스북에서 '백신 혐오자'란 말을 사용하기도 한다. 난 댓글로 "그러면 반대로 백신 맹신자란 말도 있을 수 있다"고 썼다. 요즈음은 신약의 약품 가격을 올바로 책정하기 위해 약물 경제성 평가를 한다. 그러한 평가에서 가장 중요하게 보는 것이 어떤 제품을 비교 약물로 사용했느냐이다. 비교 약물로는 당연히 고가이면서 효과가 우수한 약물을 선호한다. 그 약물보다 더 효과가 있다면 더 높은 가격을 받을 수 있기 때문이다. 다른 모든 임상자료 역시 무엇을 대조군으로 사용했느냐가 중요하다. 지금 정부가 백신 접종을 강제하는 것은 중증 진행을 막으면서 중증 환자를 치료할 수 있는 병상의 공간을 확보하기 위해서이다. 중증 진행을 막을 수 있는 다른 대안이 없다면 당연히 백신만이 답이다. 그런데 백신만이 답이 아니다. 중증 진행을 막을 수 있는 국내 치료제도 개발되어 있고, 외국에서 개발된 경구용 약제도 곧 도입된다. 다른 대안이 생긴 것이다. 그럼에도 불구하고 백신만을 고집한다면, 그것은 백신 맹신자라고 말 할 수 있지 않을까?

유럽에서는 백신 패스 의무화를 둘러싼 갈등이 점차 격화되고 있다고 한다. 백신 독재라는 말도 등장한다. 유럽의 상황을 구체적으로 알 수는 없지만, 그들은 선택의 자유를 원하고 있는 모양이다. 프랑스에서는 전 인구의 92%가 최소 한 번 이상 접종했는데도, 하루 확진자 수가 30만 명 안팎으로 쏟아져 나오고, 코로나 누적 확진자가 1,200만 명, 누적 사망자는 12만 명에 이른다고 한다. 6천5백만 명의 프랑스 인구수와 5천만 명의 한국 인구수를 비교하면 우리나라의 방역은 매우 훌륭하다고 말할 수 있다. 그들이 시위한다고 해서 우리가 시위할 필요는 없다. 우리나라의 K방역은 매우 성공적이라고 생각한다. 그런데 불필요한 행정 강제에 대해서는 심사숙고해야 할 것이다. 프랑스는 장거리 여행자들에게도 백신 패스를 적용한다. 우리는 그런 종류의 백신 패스는 시행하지 않지만, 장거리 여행자들에 대한 백신 패스는 합리적이기도 하다. 우리는 마스크 벗고 식당에서 혼자 밥 먹는 것은 허용되지만, 마스크 쓰고 대형마트에서 혼자 장 보는 것은 허용이 안 된다. 그러한 결정이 과연 합리적인지 판단하기 어렵다.

이분법적인 사고는 참으로 위험하다. 좌우의 갈등처럼 백신 혐오자, 백신 맹신자에 대한 구분도 정당하지 않다. 다만 행정 권력을 가진 사람들이 다양성을 인정하는 기준에서 권력을 사용하면 좋겠다. 이 대목동병원의 모 교수처럼 개인의 체질이 맞지 않아서 백신 접종을 할 수 없는 사람도 있다. 또한 자기 주변에서 백신 접종으로 사망한 사람이 있다면, 그런 사람이 백신 접종을 두려워하는 것은 당연하다. 그 모든 것을 안티 백서, 백신 혐오자로 낙인을 찍고, 사회적 책임 운운하면서 평가절하하는 것은 지식인답지 못한 처사로 생각한다. 백신에 대한 두려움으로 백신을 맞지 않는 사람이 감당해야 할 사회적 책임은 자율적으로 개인위생을 철저히 하면 된다. 마스크 철저히 쓰고, 대중이 모인 곳에서는 절대로 마스크 벗지 않고 행동한다면 그에게 사회적 책임을 물을 수 있을까? 다양성을 인정하는 사회가 되었으면 좋겠다. 특히 서민들과 소외된 사람들의 목소리가 반영되는 사회가 되었으면 좋겠다. 백신 접종으로 사망한 사람들의 죽음도 다른 죽음과 마찬가지로 애통하다, 그들의 죽음을 잊지 않았으면 좋겠다.

분열을 넘어 공감으로

어제 오후 1시부터 5시까지는 고고인류학, 생물학, 철학을 전공한 지인들과 대화를 나누었고, 저녁에는 우희종 선생과 함께하는 마음 친구들 모임에 참석하여 저녁 7시부터 11시까지 대화를 나누었다. 오후 1시부터 밤 11시까지의 마라톤 대화였다. 낮에 만난 지인들은 모두 각자가 자신이 전공한 분야에 대해 깊은 지식을 갖춘 전문가들이기에, 경청하는 것만으로도 배울 점이 많았다. 어제의 이야기 중 생물학을 전공한 김 박사의 이야기가 기억에 남는다. 한국과 중국의 온도 변화와 민란의 발생에는 상관관계가 있다는 이야기이다. 기온이 떨어졌을 때 민란이 많이 발생한다고 한다. 나로서는 처음 들어보는 이야기였다. 함께 이야기를 나누던 철학을 전공한 이박사도 "그런 주제를 가지고 새로운 이론을 만들어 보세요!"라고 격려했다.

시리아 내전에 관한 이야기도 나왔다. 나는 최근에 읽은 후쿠야마의 생각을 떠올리면서 대화에 참여했다. 후쿠야마는 시리아 내전의 직접적 원인은 2011년 '아랍의 봄' 물결에 영향을 받은 국민들이 바샤르 알아사드 독재정권에 저항하면서 평화적 시위를 벌인 일에서 시작되었지만, 보다 근본적인 원인은 국민 정체성이 확립되지 못해서 발생했다고 보았다. 시리아는 종파 갈등은 물론이고, 다양한 종족이 함께 뒤섞여 언어적 분열, 나아가서 이념적 분열도 존재했다. 이러한 환경 속에서 국민 정체성이 확립되기가 어려웠을 것이다. 여기에 미국과 러시아가 개입하면서 시리아는 내전을 겪게 되었다. 이러한 후쿠야마의 견해에 대해서 러시아에서 고고인류학을 전공한 정박사는 후쿠야마의 생각은 서구적 시각이라고 한다. 그러면서 미국이 철수하지 않으면, 시리아 내전은 끝나지 않을 것이라는 전망을 내놓았다. 나는 정 박사에게 미국의 시각과 러시아의 시각을 종합하여 정 박사만의 새로운 논리를 펼쳐보라고 하였다. 그를 통해 10년 전 우크라이나 반정부 시위에서 네오나치의 참여로 인하여 일반 시위가 폭동으로 변모한 내용도 새롭게 알게 되었다. 세상은 바라보는 다양한 시각이 있음을 직감했다.

　　후쿠야마는 국민 정체성의 확립이 국가의 붕괴와 내란을 막아주며, 공공의 이익을 우선시 생각하게 만들며, 그 나라의 경제를 발전시킬 수 있다고 보았다. 하지만 국민 정체성이 특정 민족만을 강조하는 편협한 형태를 띠면서 타민족에 대한 공격으로 이어지거나, 비자유적인 성향을 갖게 될 때는 문제가 발생한다고도 지적하고 있다. 후쿠야마는 정 박사가 언급한 우크라이나의 네오나치와 같은 종족 민족주의를 경계했다. 그의 생각은 다음과 같다. "민주 사회에는 숙고와 토론이 필요하며 그런 숙고와 토론은 구성원들이 특정한 행동 규범들을 받아들여야만 가능해진다. 관용과 상호 공감의 문화가 편파적이고 당파적인 이익 추구보다 더 우선해야 한다." 후쿠야마는 오늘날 미국 정치가 정치가들의 표를 의식한 정체성 정치를 통하여 국가가 분열되고 있다고 보았다. 하지만 그는 희망의 끈을 놓치지는 않는다. 그는 『존중받지 못하는 자들을 위한 정치학』의 마지막 문장을 다음과 같이 마무리하고 있다. "정체성은 분열로 가는 도구가 될 수 있지만, 통합으로 향하는 도구가 될 수도 있다."

사실 우리의 현실도 미국의 현실 정치와 유사한 모습을 띠고 있다. 최근 발생한 야당 정치인에 대한 살해 의도를 가진 한 시민의 극단적인 테러를 보면, 우리의 정치도 각 진영 간의 정체성을 양극단으로 몰고 가는 경향이 있는 것 같다. 시대에 따라 새로운 인간이 탄생하듯이 정체성이란 것도 시대에 따라 새롭게 만들어지는 것이다. 후쿠야마의 지적처럼 정체성은 분열로 가는 도구가 아니라, 통합으로 향하는 도구로 만들어야 한다. 진정한 정체성이란 나를 버리지 않으면서도, 타인을 함께 존중하는 것일지 모른다. 이런 측면에서 보면 동양의 역지사지나 서양의 상호인정은 동일한 의미를 가진다고 볼 수 있다.

저녁에 참석한 우희종 선생의 '마음 친구 모임'은 낮에 만난 지인들의 만남과 성격이 달랐다. 그 모임은 불교에 해박한 지식을 가지고 있는 도인 우희종 선생을 중심으로 참석자들이 자신의 삶에 대한 진솔한 이야기를 나누는 모임이었다. 내가 그를 도인이라고 부르는 이유는 물론 우스갯소리이다. 그가 예전에 영종도라는 섬에 살아서 도도(島)자를 써서 도인이라고 부른다. 지금은 사당동에 거주하니 사당을 사당(祠堂)으로 쓰면, 죽은 부처가 환생하여 '살아있는 부처'라고 불러도 좋을지도 모른다. 우희종 선생은 가끔 자신은 속는 줄 알면서 속아 준다는 이야기를 자주 한다. 나는 그 경지가 부럽다. 속는 줄 알면서 속아주는 것은 그만큼 타인을 배려한 마음일 것이다. 나는 학부 때 관심을 가진 이성의 비판적 기능에 대한 생각이 아직도 나를 지배하고 있다. 그래서 젊은 시절의 나는 아닌 것은 아니라고 돌직구를 날리는 편이었다. 최근에는 그러한 자세가 그리 바람직 한 태도는 아니라고 생각되어 고치려고 노력은 한다. 비판만이 능사가 아니다. 비판에 앞서 타인을 공감하려는 마음 자세가 우선할지도 모른다. 하지만 나는 아직 속는 줄 알면서 속아주는 경지에는 도달하지 못했다.

어제는 그 모임에 새롭게 참석한 한 분이 절 수행에 대한 자신의 체험을 이야기했다. 참으로 신기했다. 내가 알지 못했던 새로운 세계가 있음을 알게 되었다. 그는 절 수행을 통해 암도 극복했고 관절염도 극복했다고 한다. 물론 가려서 들었다. 속는 줄 알면서 속아주는 것이 그런 경지일지도 모른다. 그런데 그날 내가 몇 년 전 우연한 사고로 죽을 고비를 넘긴 경험을 이야기했을 때, 그는 나에게 무슨 충고 비슷한 이야기를 했다. 순간적이지만 나는 깜짝 놀랐다. "내가 그에게 자문을 구한 것도 아닌데, 왠 충고?" 그는 자신의 체험에 대해 지나친 확신을 가지면서 시도 때도 없이 타인을 가르치려 드는 것은 아닐까? 나의 당황한 모습을 보고 우희종 선생은 이렇게 말했다. "이 선생을 사랑하는 마음에서 한 이야기로 생각하고 넘어가세요." 나도 웃음으로 넘겼다. 이렇듯 우리는 일상에서 타인의 마음을 쉽게 읽어내지 못한다. 자기를 버린다는 것이 그만큼 어려울지도 모른다. 정치판에서는 더욱 심하다. 자기 확신은 잘못된 방향으로의 정체성 정치로 쉽게 변질되며, 국민을 분열시킨다는 후쿠야마의 진단은 정확했다. 자기 확신이 아니라 열린 마음으로 대화에 임하는 것이 분열을 넘어 공감으로 나아가는 길이며, 그것이 바로 상호인정의 첫걸음이지 않을까? 속는 줄 알면서 속아주는 마음일지도 모른다.

나만의 자유에서 우리 속의 자유로

　　극단적 선택에 관한 뉴스를 간혹 접하는 경우가 있다. 얼마나 절박했으면 그러한 결단을 했을까? 그들을 보내는 가족들의 마음을 생각해보면 내 가슴이 미어진다. 나는 몇 년 전 이상심리학에 관심이 있어서 2년여 동안 이상심리학을 공부했다. 그 당시 나는 MMPI, 로샤심리검사 등 다양한 심리검사도 직접 수행해 보았다. 그러던 중 60대 나이에 직업으로써의 임상 심리상담은 무리가 있다는 판단이 들었다. 심리상담에 있어서 공감의 능력은 기본이다. 공감도 지나치면 자기 자신 역시 마음의 병을 얻을 수 있다. 그래서 임상 심리상담사는 자신도 정기적으로 슈퍼바이저에게 상담받아야 한다. 상담의 어려움을 절감한 나는 자격증은 포기하였지만, 덕분에 마음이 아픈 사람들을 어느 정도 이해할 수는 있었다.

우울장애에 걸린 사람 100명 중 1명은 자살로 사망한다. 우리가 가벼운 감기에 걸리면 기침이나 콧물과 같은 증상을 없애기 위해 약국을 찾는다. 그것보다 조금 심해지면 동네 의원을 찾는다. 우울증은 정신에 찾아온 감기와 유사하다. 누구나 쉽게 걸릴 수 있다는 이야기이다. 하지만 감기와 달리 우울증은 동네 약국에서 증상을 완화시킬 수 있는 약을 구할 수가 없다. 술이 약을 대신하기도 한다. 우리는 마음이 아픈 사람을 미친 사람이라고 한다. 언어가 폭력으로 작용한 하나의 예이다. 정신병은 단지 마음이 아플 뿐이다. 감기도 치료하지 않고 그대로 방치하면 폐렴으로 진행되고, 경우에 따라서는 우리를 죽음으로 몰아간다. 정신에 찾아온 감기인 우울증도 감기의 치료와 유사하다. 우울증의 치료는 자신의 이야기를 들어줄 이웃만 있어도 치료에 큰 도움이 된다. 그런데 안타깝게도 우리 주변에는 그러한 이웃이 없다. 그래서 그 병은 더욱 깊어만 간다.

우리 사회는 점차 나르키소스적 사회로 변해가고 있는지도 모른다. 신화에서 나르키소스는 연못만 쳐다보는데, 오늘날 우리는 핸드폰 화면만 쳐다본다. 그 속에서 우리는 수많은 익명의 사람들과 대화를 나누기도 하지만, 눈을 마주치면서 대화를 나눌 이웃은 사라져 버린다. 말로서의 대화보다는 문자로 나누는 대화가 더욱 익숙해진 사회이다. 지하철의 승객 중 80%는 핸드폰을 보면서 자기들만의 세계 속에서 시간을 보낸다. 그렇게 사회는 점차 변해가고 있다. 사진의 등장으로 미술작품의 아우라가 사라지고, 미술작품을 대하는 우리의 감각도 변했다는 발터 벤야민의 통찰은 오늘날에도 적용된다. SNS의 발달로 타자를 사라지게 만들었다. 그와 함께 나르키소스적 감각을 지닌 인간들이 탄생한다.

뒤르켐은 느슨한 사회통합으로 인한 개인이 사회적 고립이 증가하고, 그를 통하여 자살이 일어난다고 한다. 자살률 세계 1위를 기록하고 있는 우리 사회에서도 적용할 수 있는 이야기이다. 느슨한 사회통합으로 인한 개인의 사회적 고립! 바로 우리 사회의 단면을 보여주고 있는 말이다. 자살률 세계 1위와 초고속 인터넷망으로 인한 SNS 보급률 세계 1위는 어쩌면 서로 상관관계가 있는지도 모른다. SNS의 발달은 탈진실의 사회를 강화시킨다. 인터넷 검색을 통하여 우리는 웬만한 정보는 모두 얻을 수 있다. 인터넷에는 다양한 지식들이 넘쳐흐른다. 오히려 공해로 작용할 정도이다. 다양한 포장을 한 쓰레기 정보들도 부지기수이다. 그러한 쓰레기들이 사람들의 확증편향을 증폭시킨다. 그로 인해 사회가 양분되기도 한다. 나르키소스적 사회의 비극은 여기서도 발생한다.

타자가 없는 사회에서는 사회통합이라는 낱말조차 낯설다. 자꾸만 세분되어 쪼개어지는 사회이다 보니 전체가 무엇인지도 모를 정도이다. 사회통합이 요원한 만큼 공공선에 대한 개념도 희박해진다. 사회적 연대라는 말도 까마득한 옛날이야기처럼 들린다. 타자가 없는 사회, 타자의 고통을 공감하지 못하는 사회에서는 사회적 연대가 사라진다. 우리는 자신의 생명을 보존하기 위해 사회계약으로 탄생한 리바이던이라는 괴물을 알고 있다. 그때만 해도 개인은 연대라는 강한 연결고리로 묶여 있었기에 괴물의 폭력에 저항할 수 있었다. 개인이 모래알처럼 흩어져 버린 곳에서는 리바이던의 횡포를 막을 길이 없어진다. 늑대의 자유만 횡행한다. 나르키소스는 점점 더 살아갈 길이 막막해진다. 늑대의 자유 앞에 놓인 양들의 불안한 침묵뿐이다. 이것이 또 다른 나르키소스적 사회의 비극이다.

우리는 나르키소스에서 탈출해야 한다. 나만을 고집하지 말고 타인과의 결속에서 사회적 연대가 되살아난다. 우주의 모든 사물이 연기라는 고리로 서로 얽혀있다는 깨달음이 종교가 아닌 철학으로서의 불교가 가르치는 지혜이다. 고립된 개인이 아니고 모든 것이 관계로 이어져 있다는 깨우침은 모든 대립을 넘어서 서로를 인정하는 사회로 나아가는 토대가 된다. 그물코 하나의 손상은 그물 전체의 손상으로 이어진다. 관계가 소중히 생각되는 세상에서는 모든 생명 또한 존중된다. 가난한 자의 인권뿐만 아니라 부자의 인권, 학생들의 인권뿐만 아니라 교사들의 인권, 모든 인권이 평등하게 존중된다. 평등을 기초로 하지 않는 자유는 방종에 불과하다. 어느 초등학교 교사의 안타까운 죽음과 모든 나르키소스의 죽음을 생각해 본다. 나아가서 나만의 자유가 아니라 너와의 관계 속에서 찾을 수 있는 우리의 자유를 생각해 본다.

3부

경직된 사고를 가진 사람들은 불확실성에 대하여
불쾌감을 느끼는 것은 물론이고 불안을 느낀다.

개념의 미라

    어제의 일이다. 오전에 주판치치가 쓴 『정오의 그림자』를 읽고 있는데, 친구로부터 전화가 왔다. "오후에 시간이 되나? XX와 너 집 근처에서 한 게임 할 텐데, 함께 보자!" 안타깝게도 어제는 손자 유치원 하원 시키는 날이어서 시간이 허락하지 않았다. "오늘은 손자 하원시키는 날이야! 5시 이후에는 시간이 된다." 그렇게 친구와의 통화는 끝나고 독서를 계속했다. 그런데 책의 내용을 이해하기가 쉽지 않았다. 『정오의 그림자』는 니체와 라캉이 어떻게 연결되는가 하는 궁금증 때문에 도서관에서 빌린 책이었다. 니체와 라캉을 조금씩은 알고 있지만 연결고리를 찾을 수 없었다. 그 연결고리를 찾기 위해 선택한 책이 나를 점점 더 미궁으로 빠져들게 만든다.

다만 말레비치와 니체의 공통점을 언급한 부분은 이해가 되었다. 살아있는 대상을 재생하기 위해 우리는 캔버스 위에 죽은 이미지를 재생한다는 말레비치의 말과 니체가 언급한 '개념의 미라'라고 한 부분은 정확히 이해되었다. '개념의 미라'라는 말은 쉽게 풀어보면 전혀 어려운 말이 아니다. 우리는 상호 의사소통을 위해서 개념을 만들어 사용하지만, 그 개념이 가지는 한계 때문에 대상과 정확히 일치하는 개념은 있을 수 없다는 이야기이다. 살아있는 대상의 한 부분을 하나의 개념이라는 틀에 옭아매는 꼴이니 결국 개념이 미라가 된다는 의미이다.

무한히 생성과 소멸을 반복하는 현실의 세계를 하나의 개념으로 규정할 수는 없다. 그것은 언어가 갖는 한계이다. 니체에게 있어서 이성의 언어로 포착하는 진리란 삶의 보조 수단으로 행해지는 체계화일 뿐, 자연의 변화 전체를 파악하는 것은 불가능하다고 본다. 즉 이성 중심주의적 세계 인식은 한계가 있다는 것이다. 그래서 니체는 우리 자신이 자연의 일부임을 깨닫고, 자연에 대한 겸손한 태도를 견지하면서 몸의 언어로 자연을 읽어라고 요청하고 있다. 나는 아직 몸의 언어가 무엇인지 정확하게 알 수는 없다. 다만 하나의 관점만이 아니라 다양한 관점을 모두 소중히 생각해야 하며, 삶에 대한 무한한 긍정으로 자기 자신의 내부적인 힘의 상승을 느끼라는 정도로만 이해할 뿐이다.

이런저런 생각으로 시간을 보낸 후에 오후에는 손자를 유아원에서 조금 일찍 하원을 시켰다. 4시 50분쯤 친구에게 다시 전화가 왔다. 나는 즉시 친구들이 술판을 벌여놓은 장소로 달려갔다. 대화의 주제는 당구에 대한 이야기였다. 나는 최근에 벌어진 당구대회에서 16세 소년이 결승에 올라서 한국에서 가장 유명한 선수 중 한 명인 선수와 결승전을 벌였던 장면을 회상하면서 이야기에 끼어들었다. 16세이면 고등학교 다닐 나이인데도 불구하고, 그는 프로로 활동하고 있다. 프로로 활동하는 그의 모습에서 나는 현대 사회의 가능성과 새로운 도전을 읽을 수 있었다. 그가 결승전에서 패한 후 흘렸던 눈물은 결승까지 오는 지난했던 과정의 마지막에 밀어닥친 허무에서 오는 눈물일지도 모른다.

낮술을 한잔한 후에 우리는 다시 당구장으로 갔다. 당구와 관련된 우리의 놀이 문화는 항상 동일하다. 일등 3만 원, 2등 2만 원, 3등 1만 원! 내기 당구 게임이었다. 나는 친구들 중에 당구를 잘 치는 편이다. 친구 중 한 명은 최근에 실력이 급상승하여 나와 실력이 비슷하다. 나는 그 친구가 나의 적이자 나의 진정한 벗으로 생각한다. 그의 실력 향상이 자극되어 나의 실력이 향상되기 때문이다. 니체가 원하는 진정한 벗의 관계이다. 다른 한 친구는 지금 열심히 당구를 배우고 있다. 경기 결과는 최하수가 1등을 하였고, 나는 2등을 하였다. 그렇게 모인 돈으로 또 저녁에 술자리를 함께했다. 술좌석에서 다양한 이야기가 오고 갔다. 젊은이들의 삶에 대한 걱정부터 노년의 삶의 즐거움, 그리고 생각의 유연성 등에 관한 이야기였다. 나는 생각의 유연성에 대한 이야기에 목소리를 높였다.

생각의 유연성은 개념의 미라와도 일맥상통한 이야기였다. 한 친구가 다른 친구에게 "이 친구는 이렇다"라고 말하는 순간, 그 친구는 그를 아는 주변의 친구들에게 그런 친구로 낙인이 찍혀버린다. "이런 경향이 있다"라는 이야기와 "그는 그렇다"라는 이야기의 차이는 하늘과 땅 차이만큼 크다. 나는 MBTI라는 심리검사를 그렇게 좋아하지 않는다. 사람의 성격은 항상 변한다는 프롬의 생각에 동조하기 때문이다. 자신의 성격에 특정한 경향이 있다는 것은 공감할 수 있지만, "나는 이런 유형의 성격을 가졌다"라는 단정적인 검사 결과는 믿을 만한 것이 못된다. MBTI검사가 상업적으로 이용하려는 사람들에 의해 오남용되는 경향이 없는 것은 아니지만, 심리검사를 전공하는 사람들에게 나의 이야기는 상식에 가깝다. 즉, 심리검사의 결과는 하나의 경향일 뿐, 그것이 하나의 고정된 틀로 작용하여 자신을 옭아매는 작용을 하는 것이 아니라는 것이다.

최근에 근대성 비판의 문을 연 니체를 열심히 읽고 있다. 오늘날에도 니체를 읽어야 할 이유는 그의 글 곳곳에서 발견할 수 있다. 물론 이러한 생각은 20년 전에도 한국 철학회에서 논의되었다고 알고 있다. 논의가 되면 무엇하나? 사회는 변함없이 그대로인데! 니체는 자신의 온몸과 삶으로 글을 썼다고 한다. 그런데 니체를 전공한 한국의 철학자들은 지금 어디서 무엇을 하고 있을까? '개념의 미라'라는 개념은 절대적 진리가 없다는 포스트모더니즘의 구호 뒤에 오히려 개인의 독단이 판을 치고 있는 세상에 대한 니체의 경고일 것이다. 우리는 니체가 『차라투스트라는 이렇게 말했다』에서 비판했던 시장의 파리떼나 무리 군중을 넘어서는 위버멘쉬를 꿈꾸어야 할 것이다. 위버멘쉬는 자기 극복과 삶의 긍정을 통해 새로운 가치를 창조하는 존재이다. 개념의 미라는 새로운 창조를 방해할 뿐이다. 삶을 긍정하는 명랑성은 사고의 유연성에서 비롯될지도 모른다.

니체, 시대를 앞서간 철학자의 현대적 의미

　　"니체는 스스로 2백 년이나 시대를 앞서 태어난 선구자의 운명을 한탄한 바 있다." 한신대 철학과 교수인 윤평중 선생의 글에서 발췌한 대목이다. 나는 이 대목의 출처가 궁금했다. 그래서 챗GPT에게 물어보았다. 그의 대답은 『차라투스트라는 이렇게 말했다』와 『이 사람을 보라』라는 책 속에 그와 유사한 대목이 있다고 알려 준다. 그래서 내가 소장하고 있는 정동호 선생과 김태현 선생이 번역한 책에서 그와 유사한 대목이 있는지 살펴보았지만, 아쉽게도 찾을 수 없었다. 사실 그것이 그렇게 중요한 문제는 아니었다. 다만 윤평중 선생이 인용한 대목처럼 1884년 태어난 니체가 오늘날 태어났다면, 그가 무슨 말을 했을까 궁금했었다.

'시장의 파리떼'에서처럼 대중의 명성만을 추구하는 배우들이나 위대한 창조 행위에 대한 관심이 없고, 자기반성을 하지 않는 대중을 여전히 시장의 파리떼로 비유하면서 비난했을까? 어쩌면 19세기의 유럽의 현실과 지금의 현실이 그렇게 많이 변한 것 같지는 않다. 니체는 다음과 같이 말한다. "네가 저들을 너그럽게 대하면 저들은 너에게 멸시받고 있다고 느낀다. 그리하여 저들은 너의 선행을 은밀한 해코지로 되갚는다." 이 대목은 타란툴라라는 독거미를 언급하는 부분에서도 반복된다. "평등을 설교하는 자들이여! 너희야말로 타란툴라요, 숨어서 복수심을 불태우고 있는 자들이렷다." 이 말은 대중들은 정의를 앞세우지만, 그 뒤에는 복수심이 숨어 있다고 본 것이다. 니체는 복수심의 광기는 무기력에 불과하다고 본다. 그들의 복수심을 백승영 선생은 분노에 찬 오만과 억눌린 질투로도 번역한다. 아무튼 니체는 대중들의 복수심으로부터 인간을 구제하고자 했다.

니체가 강조하는 것은 자기 극복이다. 니체는 인간은 극복되어야 할 그 무엇이라고 여러차례 강조하고 있다. "생은 항상 자기 자신을 극복하지 않으면 안 된다." "생은 오르고자 하며 오르면서 자신을 극복하고자 한다." "아름다움 속에서조차 전투와 불평등이, 힘과 그 이상의 힘을 쟁취하기 위한 투쟁이 존재한다." 이러한 표현 모두가 생의 긍정을 통한 자신의 극복을 목표로 하고 있다. 이러한 니체의 삶에 대한 긍정과 극복의 길에 있어서 하향평준화는 삶에 대한 긍정의 힘을 좌절시키는 것에 불과했다. 그래서 니체는 다음과 같이 강조한다. "벗들이여. 충고하건대 남을 벌하려는 강한 충동을 갖고 있는 그 누구도 믿지 말라." 그들은 강자의 힘을 약화시키고 하향 평준화시켜 자신들 무리의 일원으로 만들고자 한다는 것이다. 그것이 그들이 가지고 있는 무기력의 광기이다.

이러한 대목은 오늘날의 우리의 현실과도 유사하다. 우리나라만큼 고소 고발이 난무한 사회가 없다고 한다. 정치판의 고소 고발은 난장판과 다름이 없다. 정치판이 그러하니 일상생활에서도 유사한 일들이 발생한다. 나 역시 최근에 공익제보라는 명목으로 사소한 도로교통 위반을 고발당해 벌금 9만 원을 납부한 경험이 있다. 그 상황은 다음과 같다. 중앙선이 있는 2차선의 도로에서 앞차인 택시가 승객을 내리기 위해 정차한 상황에서 택시를 추월하기 위해 차선 변경을 했다. 그 장면이 내 차량을 뒤따르던 오토바이 블랙박스에 찍힌 것이다. 2차선 도로의 옆 차선에선 어떠한 차량도 없었다. 그럼에도 불구하고 나는 중앙선 침범을 위반했다고 고발당했다. 나는 고발 당할 만한가? 나를 고발한 사람은 정의감보다는 자기 이익에 눈이 멀었다고 보여진다. 이것이 어쩌면 니체가 말한 복수심에 불타는 무기력의 광기일지도 모른다.

니체는 또한 '잡것에 대하여'에서 권력을 추구하는 잡것, 글이나 갈겨 쓰는 잡것, 그리고 쾌락이나 좇는 잡것을 언급하고 있다. 그들은 생에 등을 돌린 자라고 한다. 권력을 추구하는 잡것은 다수라는 대중의 힘에 호소하면서 그들과 흥정하는 자들을 일컫는다. 오늘날의 우리 정치인들을 연상케 한다. 또한 글 쓰는 잡것들은 피와 삶으로 쓴 것만을 사랑한다는 그의 글을 통해 그 윤곽을 잡을 수 있다. 글쓰는 잡것들은 정신을 퇴락시켜 기쁨의 샘인 깨끗한 삶을 더러운 문젯거리로 만들 뿐이라고 비판한다. 마지막으로 쾌락을 추구하는 잡것은 고통이 갖고 있는 힘에 대한 니체의 생각을 반영하고 있다. "나를 죽이지 않는 것은 나를 더욱 강하게 만든다"라는 니체의 말은 고통이 인간을 성숙시키는 힘으로 보고 있다. 이는 결국 최대 다수의 최대 행복이라는 공리주의의 간접적으로 비난하는 대목으로도 읽힌다.

니체는 현실은 끊임없이 변하는 생성의 강물이라고 비유하고 있다. 끊임없이 변하는 생성의 강에는 절대 불변의 진리라는 것은 없고, 지칠 줄 모르고 생명을 탄생시키는 생명의 의지가 필요하다고 강조한다. 생명은 명령과 복종의 힘의 대결장이고, 그러한 힘의 대결장에서는 순종보다 명령이 더 어렵다고 한다. 명령에는 책임이 따르기 때문이다. "모험과 위험, 목숨을 건 주사위 놀이, 이런 것들이 더없이 큰 자가 하는 헌신이다. 희생과 봉사, 그리고 사랑의 눈길이 있는 곳, 거기에는 주인이 되고자 하는 의지도 있다." 더없이 큰 자는 자기 주인이 되어 끊임없이 자신을 극복하는 존재이다. 이렇게 자신을 극복한 존재가 참된 사랑을 베풀 수 있다는 의미로 해석된다. 자신이 자신에게 주인이 되자고 하는 니체의 사상은 어쩌면 오늘날 우리 사회에도 적합한 말로 여겨진다.

오늘날 니체처럼 다양하게 해석되는 철학자는 없을 것이다. 하지만 분명한 것은 니체로부터 현대 철학의 문이 열린 것은 분명하다. 그의 영향을 받은 수많은 철학자들이 등장했다, 하이데거, 푸코, 들뢰즈, 데리다 등이다. 라캉도 그중 한 명이다. 니체는 '이웃 사랑에 대하여'에서 시장의 파리떼에 등장하는 배우들을 언급한다. 배우들은 자기 자신의 주인이 되고자 노력하는 인간들이 아니고, 이웃에게로 도피하여 그들의 인정을 받고자 한다. 그래서 니체는 이웃에서 멀리 도망가서 진정한 벗을 찾으라고 가르친다. "이웃에 대한 사랑보다 더 숭고한 것은 더 없이 먼 곳에 있는 사람과 앞으로 태어날 미래의 사람들에 대한 사랑이다." 이 대목은 라캉의 '환상 가로지르기'를 연상케 한다. 라캉은 나의 욕망이 타인의 욕망이란 것을 알아차리고 타자의 욕망에 의해 소외되어 나타나는 자신의 고유한 욕망을 되찾는 자유로 길을 추구하라고 가르친다. 이 길은 니체가 말하는 위버멘쉬로 나아가는 길이다. "이드가 있는 곳에 내가 도달하는 것이 나의 의무이다." 이 문장이 바로 나의 욕망은 타자의 욕망이라는 환상을 가로지르라고 가르치는 라캉의 명언이다. 이것은 인간은 극복되어야 할 그 무엇이고, 그 극복을 위해서 지금의 삶에 대한 긍정을 의미하는 아모르 파티와 유사하다. 니체가 지금 이 시점에 다시 태어난다고 해도 아모르 파티는 강조했을 것 같다. 아모르 파티야말로 참된 자유의 길이지 않을까?

보살과 위버멘쉬

    니체와 불교에 관한 글을 읽다가 친구에게 전화가 왔다. "시간 있나? 한 게임 하자!" 나는 그 친구의 제안에 한 번도 거절한 적이 없었다. 무한한 긍정이다. 읽던 책을 덮고 약속 장소로 나갔다. 그 친구와 만나면 하는 일이 항상 동일하다. 당구 게임으로 승부를 가리고 지는 사람이 술 한잔 사는 것이다. 오늘은 내가 졌다. 늦은 점심과 함께 소주 각 일병씩 마셨다. 술안주로 각자의 일상에 관한 이야기를 나눴다. 친구를 통해 들었던 이야기가 신선한 충격이었다. 사회복지사로 활동 중인 친구의 이야기는 이렇다. 재산이 무척 많은 90대의 어르신이 몸이 불편해서 재가 복지 서비스를 받는데, 자신을 돕기 위해 방문하는 요양보호사에게 안 줘도 될 돈을 준다고 한다. 그분의 생각은 이렇다. "저 사람이 부유하지도 않을 텐데 나를 위해 저렇게 봉사를 하니 내가 당연히 보상해야지!"

부자도 저런 부자가 많은 사회라면 그들을 귀족으로 대우해주는 귀족사회도 나쁘지 않다는 생각이 들었다. 물론 니체를 읽고 있어서 든 생각이었다. 니체는 귀족주의를 강조했다. 니체는 동정을 부정했지만, 이런 이야기도 했다. "고귀한 인간도 역시 불행한 자를 돕기도 하지만, 그것은 연민 때문이 아니라 자신의 넘쳐흐르는 힘이 낳은 충동 때문이다." 그 어르신도 분명히 넘쳐흐르는 힘에 의한 충동으로 자신을 돕는 요양보호사에게 두둑한 보너스를 지급했을 것이다. 니체가 말한 힘에의 의지가 그 어르신과 같이 자기 자신의 충만한 힘을 바탕으로 삶을 긍정하는 자세라면, 오늘날 우리 사회에서도 필요한 덕목이라는 생각을 하게 되었다. 또한 귀족주의 역시 저런 유형의 귀족이라면, 부정할 이유가 없었다. 하지만 니체는 평등을 노예의 도덕이라고 비난하는 부분에 있어서는 오늘날 우리 사회에서 쉽게 받아들이기 어려운 부분이 없는 것은 아니다.

소주 한잔하면서 친구에게 털어놓은 나의 고민도 그 부분이었다. 앞에서도 잠시 언급했듯이 니체가 강조하는 힘에의 의지와 삶을 긍정하는 니체의 철학은 오늘날에도 수용할 수 있는데, 평등을 노예의 도덕이라고 비난하고 대중을 경멸한 부분, 그리고 위계적 질서를 강조하는 니체의 귀족주의는 니체의 해석에 아직도 많은 논란의 대상이 되고 있다. 이처럼 논란이 되는 부분을 니체의 전체 사상과 조화를 이루면서 현대에서도 수용가능한 하나의 줄기로 풀어내야 하는데, 아직도 그 실타래를 풀지 못한 것이 나의 고민이다. 하지만 사실은 고민이 아니다. 나는 그것을 즐기고 있기 때문이다. 아모르 파티라고 하지 않았던가? 나는 내 운명을 사랑한다. 그리고 즐긴다.

물론 니체 전공한 학자들이 니체의 귀족주의는 정치적이고 세속적인 힘을 야만적으로 발휘하는 착취적인 영웅주의가 아니라, 스스로 자기 극복을 해나가는 고차적인 도덕적 인간을 염두에 둔 것이라고는 한다. 또한 나의 은사이기도 하며, 독일에서 니체를 전공한 1세대 니체 전공자라고 불리는 정동호 선생님은 "니체가 평등을 거부하고 엘리트 산출을 위한 인간 사육을 획책했다는 비판이 있지만, 그가 거부한 것은 인간을 퇴화시키는 계량화된 평등이었으며 인간 사육 역시 인류 전체의 양육을 목표로 한 것이었다."라고 밝히고 있다. 니체는 인류의 정신적 치료사라는 이야기이다.

나의 지인인 우희종 선생님은 언젠가 나에게 물었다. "이 선생님은 왜 그렇게 책을 많이 읽습니까?" 그 질문에 딱히 할 말이 없었다. 그래서 솔직한 내 마음을 전했다. "대학 때 계속 공부하고 싶었는데 돈이 없어서 석박사과정을 밟지 못했습니다. 젊었을 때 이루지 못한 꿈을 60이 넘은 나이에 실현해 보려고 책을 읽습니다." 나의 솔직한 마음이다.

학부 4년 동안 여러 교수님에게 교육받은 노트를 아직도 보관 중인데 얼마 전에 풀어헤쳐 보았다. 두꺼운 대학 노트 12권에 작은 글씨로 빽빽이 적어 놓은 노트를 펼쳐보니 놀라웠다. "이런 수업도 들었나?" 특히 한문과 수학 기호로 가득한 한국철학과 기호논리학 노트는 외계인의 글씨처럼 낯설게 다가왔다. 하지만 그러한 수업 모두 A 학점을 받았다. 4.0 만점에 나의 졸업 평균 학점은 3.8점 이상이다. 그러니 한때는 외계인의 언어를 이해했다는 말이 된다.

내가 니체와 불교에 관심을 갖는 것은 미래의 바람직한 인간상에 대한 나름대로의 생각을 정립하고 싶어서이다. 불교, 특히 대승불교가 추구하는 바람직한 인간은 보살이다. 불교에서는 모든 인간이 불성을 가지고 있다고 하였다. 그러니 누구나 보살이 될 수 있다. 니체에게 있어서도 인간은 가능성으로서의 인간이다. 니체에게 있어서 미래의 인간상은 위버멘쉬이다. 니체는 신을 전제로 하지 않는 동양의 불교를 기독교보다 우수하다고 평가했다. 한편 니체는 신의 죽음을 선포하면서 신의 빈자리에 위버멘쉬를 두고자 하였다. 그렇다면 보살과 위버멘쉬의 공통점이 있지 않을까? 아마도 니체는 대승불교에 관한 지식은 없었을 것이다. 니체가 알고 있었는 불교는 초기 불교일 가능성이 크다. 지금까지 읽었던 나의 짧은 독서로서는 그렇다.

지금까지 독서로 알 수 있는 것은 다음과 같다. 불교에서 말하는 사무량심은 중생에게 즐거움을 주고 괴로움과 미혹을 없애주기 위해 보살이 가지는 자(慈), 비(悲), 희(喜), 사(捨)의 4가지 무량심(無量心)을 의미한다. 불교는 연기설을 중심으로 하는 사고체계이기에 관계 중심적인 세계관이 바탕에 깔려있다. 그러하기에 불교의 중심은 자비를 통한 중생의 구제이다. 이는 분명히 파리떼나 무리 군중이라는 비유로 대중을 비하는 니체의 사유와는 다른 부분이다. 니체는 위버멘쉬에 대한 구체적인 기술을 하지는 않았다. 다만 인간은 극복되어야 할 가능성의 존재이고, 위버멘쉬로 나아가야 하는 도상의 존재이다. 위버멘쉬는 니체 사상의 핵심인 힘에의 의지를 바탕으로 영원회귀라는 운명을 사랑하는 지금 이 순간 여기에서의 삶에 대한 긍정과 우주와 하나가 되는 체험을 통하여 세계와 자신의 존재를 사랑하는 사람을 말한다. 보살과 위버멘쉬의 공통점이 있다면, 인간의 가능성을 극대화하고자 함에 있을 것이다. 하지만 불교가 강조하는 자비와 니체가 강조하는 힘에의 의지에 있어서는 공통점을 찾을 수 있을까? 건널 수 없는 차이가 있다면 무엇일까? 이러한 문제들을 풀어내기 위해 나는 내일 또 다시 니체와 불교에 관한 책을 읽을 것이다. 새벽 두 시의 상현달이 창밖에서 나를 보고 빙그레 웃고 있다.

언어의 덫, 사고의 자유를 위하여

    언어와 사고의 관계는 한마디로 정의할 수 없다. 언어는 사고의 표현에 불과하다는 주장에서부터 언어가 사고를 결정한다는 주장까지 다양하다. 에스키모인들은 눈에 대한 다양한 개념을 가지고 있다. 그들은 내리는 눈은 물론이고 바람에 휩쓸려온 눈, 녹기 시작한 눈, 땅 위에 있는 눈, 단단하게 뭉쳐진 눈 등의 개념을 가지고 있다. 그러한 개념의 구분은 생활의 현장에서 필요했기 때문일 것이다. 인간은 환경이나 문화적인 차이에 따라서 다양한 언어를 만들어 사용한다. 그러한 측면에서 언어는 사고의 표현에 불과할지도 모른다. 그러나 언어를 떠나서는 사고를 할 수 없다는 측면에서는 언어가 사고를 결정한다고도 할 수 있다. 그만큼 언어와 사고의 관계는 복잡하다. 다만, 언어는 기본적으로는 의사소통의 필수적인 수단이지만, 한편에서는 인간의 사고를 경직시키고 왜곡시키기도 한다. 그것이 지나칠 때는 정신병리를 유발하기도 한다.

정신병리를 유발하는 대표적 예로 이분법적 사고를 들 수 있겠다. 이분법적 사고는 흑백의 논리와 동일하다. 자신의 성취를 성공 아니면 실패로 간주하는 사람에게 있어서는 10%의 실패도 전체의 실패로 인식한다. 특히 경계선 성격장애를 겪고 있는 사람의 경우는 타인을 천사 아니면 악마로 인식한다고 한다. 생각이 극단으로 치우치기에 결국 개인은 심한 심리적 갈등을 겪게 된다. 대상관계이론에서는 이분법적 사고는 어릴 때 어린아이가 어머니와 갖는 관계에서 형성된다고 한다. 만약 어머니의 정서가 불안하여 어머니가 아이에게 애정과 분노를 번갈아 표출하는 경우 어린아이는 분리라는 방어기제를 발달시키게 된다는 것이다. 이런 아이의 경우 다양한 행위에 양극적인 태도를 나타내고, 모호한 태도를 나타내는 사람들을 회색분자로 매도한다고 한다. 세상이 그렇게 흑백으로만 이루어진 것은 아님에도 불구하고 그들은 세상을 그렇게 인식한다.

이분법적 인식은 현실을 과도하게 단순화하고 왜곡시키며, 극단적인 감정과 행동을 유발한다. 이러한 사고는 개인이 겪는 심리적 고통뿐만 아니라 사회와 국가 간의 갈등과 반목으로 이어진다. 우리 사회에 팽배해있는 이분법적 사고도 결국은 국민을 양분시킨다. 그 원흉은 아무래도 정치권일 가능성이 크다. 민주주의라는 제도 속에서 권력을 쟁취하기 위해서는 국민의 표를 얻어야 한다. 국민의 표를 얻기 위해서 그들은 언어를 활용하여 국민들을 기만해야 한다. 이성이 도구적 이성으로 변모한다. 요즘은 유튜브를 통한 온갖 거짓 선동은 이 사회를 더욱 혼란케 만든다. 정당한 언론의 기능이 마비된 사회에서 초래되는 비극일 것이다. 한때 계몽의 역할을 담당했던 언론이 이제는 권력과 손을 잡고 이 사회를 야만의 세계로 변모시키고 있다. 언어는 잘 쓰면 약이지만 잘못 쓰면 독이 된다. 논리 비약을 포함하여 언어는 그릇된 것을 참된 것으로 둔갑시킬 수 있기 때문이다.

"아무런 일이 일어나지 않았다." 비상계엄 선포로 탄핵을 당한 전임 대통령이 자신을 변호하면서 한 말이다. 그리고 그를 변호하는 변호사는 그것은 비상계엄이 아니라 '비상 계몽'이라고 한다. 무슨 귀신 씻나락 까먹는 소리인지 도무지 알 수가 없다. 전 윤석열 대통령은 분명히 2024년 12월 3일 밤 10시 27분에 텔레비전 연설을 통해 비상계엄을 선포했다. 그리고 선거관리위원회와 국회에 무장 군인을 투입했다. 만약 그 당시 국민 다수가 국회에 집결하지 않았고, 국회의원들이 국회의 담을 넘어서 국회에 들어가지 않았다면, 그래서 국회의원들이 비상계엄해제 결의안을 통과시키지 않았다면, 그래도 아무런 일이 일어나지 않았을까? 만약 "아무런 일이 없었다"는 대통령의 말이 정당했다면, 국회가 비상계엄해제 결의안을 통과시키기 전에 "단지 경각심을 불러일으키기 위해서 계엄을 선포했을 뿐이고, 이제는 계엄을 해제한다"라고 말했어야 했다. 그러나 그는 그렇게 하지 않았다. 전임 대통령은 자기 뜻에 반대되는 생각을 가진 사람들을 종북좌파로 내몰고 자기 뜻에 찬성하는 사람만 우리 편이라는 생각을 가지고 있었다. 그의 생각 속에서는 소통이라는 단어를 찾아볼 수 없을 것이다. 그는 전형적으로 경직된 이분법적 사고를 가진 사람일지도 모른다.

심리적으로 경직된 사고는 개인뿐만 아니라 그 주변의 사람들까지도 고통과 불행으로 몰아간다. 경직된 사고를 가진 사람들은 불확실성에 대해서 불쾌감을 느끼는 것은 물론이고 불안을 느낀다. 결국 그들은 이분법적 사고를 더욱 강화시킨다. 흑백 중 하나를 선택함으로써 마음의 안정을 찾는 것이다. 하지만 그러한 생각은 점점 더 그를 고통의 수렁에 빠트릴 뿐이다. 그는 결국 영원한 고통 속에서 헤어나지 못하게 된다.

사고의 유연성만이 인간에게 참된 행복을 가져온다. 사고의 유연성을 얻기 위해서는 다양한 방법이 있겠지만 불교가 제시하는 수행도 그중 하나일 것이다. 화엄의 세계는 사사무애의 세계이다. 선과 악이 상즉하고 선 속에 악이 있는 상입의 세계, 일즉다이고 다즉일인 세계이다. 있는 그대로의 세상을 바라보면서 자비의 마음이 샘솟는 세상이 불교에서 말하는 선의 세계일지도 모른다. 금강경에 나오는 유명한 구절인 '일체유위법 여몽환포영 여로역여전 응작여시관(一切有爲法 如夢幻 泡影 如露亦如電 應作如是觀)'은 제법무상의 다른 표현이라고 할 수 있 다. 이는 곧 어느 하나에 집착하지 말고 사고의 유연성을 길러라는 의미 로도 해석된다.

우리는 언어의 그물을 벗어날 수는 없다. 언어에는 기만, 허위라 는 부정적 기능도 분명히 존재한다. 특히 언어의 부정적 기능은 권력층 에서 국민을 현혹시키기 위해 자주 사용된다. 우리가 깨어있어야 함은 그러한 언어의 부정적 기능으로 말미암은 우리에게 주입된 온갖 환상을 깨어 부수기 위해서이다. 우리는 언어의 부정적 기능을 극복하고, 나아 가서 언어의 순기능을 잘 활용하여 모든 인간이 행복을 추구할 수 있는 바람직한 세상을 만들어야 할 것이다.

공동체 속의 자유

200년 전 미국의 모습이 그려지는가? 1830년대 미국을 여행하면서 느낀 토크빌의 글에서 그 당시의 삶을 그려 볼 수 있다. "공동체의 운영에 관여하고 또 그것에 대해 토의하는 것은 미국인의 가장 중요한 관심사이며, 그들이 아는 유일한 즐거움이다." 물론 토크빌의 글이 그 당시 프랑스의 귀족주의적 민주주의를 비판하기 위해 미국을 과도하게 미화했다는 평가가 있기는 하지만, 토크빌이 본 미국은 평등한 사회였고, 자유와 자치가 함께 어우러진 사회로 미국 사회를 그리고 있었다. 토크빌에게 자유란 개인을 위한 사적 자유를 강조하는 고전적 자유주의가 아니라 마을 자치를 염두에 두는 공적 자유였다. 최소한 이웃과 함께하는 자기 실현을 꿈꾸는 자유였다. 오늘날 미국 대통령으로서 트럼프가 보여 주는 행동은 200년 전의 미국보다 한참을 후퇴한 것처럼 보인다.

우리 사회의 50년 전 모습도 어쩌면 200년 전의 미국의 모습과 유사했을지도 모른다. 최소한 내가 살았던 김천이라는 지방 소도시는 개인보다는 마을공동체 중심의 사회였다. 그 속에서 자유를 꿈꾸었다. 어머님은 이웃집의 밥그릇 숫자까지 모두 알고 계셨을 것이다. '가메실' 이라는 작은 동네에서 우리 집이 가장 컸다. 집에 감나무가 12그루 있었으니 그 규모는 짐작이 될 것이다. 감을 수확하는 시절에는 이웃들과 함께 수확하고 나누어 먹었다. 그리고 집안에 큰 일이 있으면 동네 사람들을 초대해서 음식을 함께 나누어 먹었다. 물론 나도 이웃의 잔칫날에는 동네 친구들과 함께 그 집에서 놀았던 기억이 있다. 정월 대보름날이면 동네 뒷동산에 올라 동네 사람들과 어울려 깡통에 불을 넣어 돌리면서 놀았던 기억, 동네 큰 나무에 새끼줄로 그네를 만들어서 그곳에서 동네 사람들이 힘차게 그네를 타던 모습들, 마을 공동 빨래터에서 동네 아주머니들이 함께 모여 빨래하던 장면들이 기억에 떠오른다. 마을공동체를 떠난 개인은 상상할 수 없었다. 하지만 세상은 변하여, 요즘은 공동체라는 이름은 찾아보기 힘들다.

앞에서 언급했던 고전적 자유주의의 자유는 개인 중심의 자유였다. 르네상스와 종교개혁, 자연과학의 발달이 중세의 암흑기로부터 새로운 개인을 발견하게 되었고, 그로부터 모든 억압으로부터의 탈출이라는 고전적 자유주의 사상이 싹트기 시작했다. 홉스와 로크, 에담 스미스가 고전적 자유주의의 대표적인 사상가라고 말할 수 있을 것이다. 홉스가 자기 생존권을 강조했다면, 로크는 개인의 소유권을 강조했고, 스미스는 시장에서의 자유를 강조했다. 하지만 새로운 인간은 자본주의의 발전과 함께 고전적 자유주의가 안고 있는 어두운 그림자를 점차 짙게 드러내기 시작했다. 19세기에 이르러서는 소수 기득권을 가진 자들의 자유 실현이 대다수 국민들의 부자유라는 자유주의 역설이 극으로 치닫게 되었다. 부는 점차 한쪽으로 치우치게 되고, 가난의 폭은 더욱 넓어졌다는 말이다. 그래서 자유주의는 자유에 대해 스스로 제한을 두어야 했다. 그로부터 자유주의는 다양한 모습으로 변모하기 시작했다.

사회적 자유주의가 그 무렵 등장했다. 사회적 자유주의는 20세기 초 영국의 극심한 빈부격차와 빈곤 문제를 해결하기 위한 사회개혁 정책의 이념적 기반을 제공한 이론이었다. 홉하우스가 대표적인 인물이라고 할 수 있다. 그는 자유주의와 사회주의를 통합하고자 하였다. 자유주의가 외적 억압으로부터 개인을 해방시키고자 했다면, 사회주의는 사회적 연대를 주장하며 사회적 책임과 협력을 강조하였다. 그는 자유주의와 사회주의가 서로 반대되는 개념이 아니라 상보적인 관계로 보았다. 그는 사회적 자유주의를 통해서 자유주의가 지나친 이기주의로 변모되는 것을 막으려 했고, 사회주의가 개인의 자유에 대한 억압으로 변질되는 것을 막으려고 했다.

홉하우스는 사회를 유기체로 보았다. 개인과 사회는 유기적인 관계를 맺고 있기 때문에 개인은 사회를 떠나 살 수 없고, 사회 역시 개인을 떠나 존재할 수 없다고 보았다. 그래서 그에게 사회 정의는 개인의 노력에 따른 성과는 개인의 몫이지만, 사회가 만들어 낸 부는 사회구성원 공동의 것으로 환원되어야 한다는 것이었다. 이러한 생각 속에는 개인의 성과에는 개인의 노력 외에 사회적 몫도 있다는 것이 전제되어 있다. 그의 생각은 오늘날에도 적용되고 있다. 개인의 노력에 의한 결과물은 당연히 인정하지만, 그 속에는 사회 공동체의 기여도 있으니 그 기여분은 세금으로 사회에 환원되어야 한다는 것이다. 너무나 당연한 이야기이다. 그의 이론은 사회복지의 확대를 통한 소득 불평등을 확대하자는 이론으로 성장하였다. 그러한 이론도 한계를 가지고 있다. 그래서 이러한 사회적 자유주의를 고전적 사회적 자유주의로 일컫는다.

이런 자유주의의 변천사를 통해서도 우리는 자유에 대한 다양한 해석이 가능함을 알 수 있다. 자유는 사회 속에서의 자기 실현이다. 자기 실현을 위해서는 우선은 이사야 벌린이 말한 소극적 자유, 즉 외부의 방해가 없어야 함은 당연하다. 하지만 개인은 사회 속에 고립된 파편화된 개인이 아니다. 개인은 타자와의 관계 속에 존재하는 개인이다. "개인을 파편화된 개인으로 보는가? 아니면 관계 속의 개인으로 보는가?"에 따라 세상을 바라보는 눈이 180도 달라진다. 나는 불교의 연기설처럼 세상의 모든 것이 서로 관계를 맺고 있고, 그러한 관계 맺음의 조건은 수시로 변화하기에 우리 주변의 모든 것을 소중히 생각해야 한다는 기본적인 믿음을 가지고 있다. 그래서 불교는 미물의 생명도 존중할 것을 가르치고 있다. 이 시대는 세계관에 대한 페러다임의 변화를 요구하고 있다. 이것을 서구 중심적 개념으로 표현하면 자기중심적 세계관에서 관계중심적 세계관으로의 전환이다. 그 속에서 고전적이지 않는 새로운 사회주의적 자유주의가 탄생한다.

'라떼'라는 유령은 사라져야 한다

누구에게나 역사는 존재한다. 그래서 많은 사람들은 "나 때는 말이야!"라는 말로 과거를 회상한다. 과거의 경험담이 먹히는 시대도 있었다. 농경시대의 삶이 그랬다. 그 시대의 노인들을 자연과 함께 살아야 했고, 자연에 순응하면서 터득한 삶의 지혜를 몸소 익힌 분들이었기 때문에 그 사회에서 존경받았다. 하지만 현대 사회의 노인들은 존경은 커녕 '꼰대'라는 말로 비하의 대상이 되기도 한다. 무엇이 문제일까? 삶의 속도가 과거와는 비교가 되지 않을 정도로 빠르게 변화되고 있기 때문일 것이다. 현대의 노인들은 과거에 궁핍한 시대를 살았고, 그 궁핍을 권위라는 힘으로 극복하고 오늘을 있게 했던 사람들이었다. 70년대에 중고등학교를 다녔던 나를 포함해서 나의 선배 세대들 모두에게 해당한다.

나는 김천이라는 지방의 소도시에서 자랐기 때문에 초등학교 시절에는 양철 도시락과 책을 보따리에 담아 어깨에 메고 낮은 산을 넘어 학교에 다녔고, 새마을운동의 전신인 재건국민운동을 보며 자랐다. 정확한 기억은 아니지만, 초등학교 4학년 때에는 국민교육헌장 전문을 외우기도 했다. 중고등학교 시절에 나는 2km 남짓한 거리를 걸어서 학교에 다녔지만, 시골에 사는 친구들은 기차를 타고 통학하기도 했고, 먼 거리를 자전거로 통학하던 친구들도 있었다. 식목일이면 전교생이 학교 뒷산에 올라 나무를 심었고, 송충이 잡기, 쥐를 잡아 꼬리 가져오기, 모내기 지원 등의 일도 기억에 남는다. 국가적인 행사가 있는 날이면, 전교생이 거리에 나와 태극기를 흔들었던 시대였다.

　　이러한 어린 시절을 뒤로하고 80년대 군복무와 대학을 졸업한 후 직장을 다니면서 나의 생활은 많은 변화를 겪게 되었다. 70년대 후반의 격렬했던 대학가의 반 정부시위와 80년의 광주민주화운동 등 격동의 세월을 뒤로 하고 회사에 처음 입사했을 때 컴퓨터라는 기계도 놀라웠지만, 로투스라는 프로그램으로 계산하는 프로그램도 놀라웠다. 하지만 그것도 곧바로 엑셀이라는 프로그램으로 바뀌어 숫자를 계산하는 일들은 더욱 쉬워졌다. 세상은 그렇게 급변했었다. 외국계 회사에 다녀서 그런지는 몰라도, 컴퓨터에 관한 교육과 조직관리에 관한 교육 등 다양한 교육과 경험을 통하여 새로운 세계를 접하게 되었다. 내가 경험한 새로운 세계는 획일성의 강조가 아니라 다양성을 인정하는 포스트

모던한 사회 경험이었다.

하지만 내 주의의 나와 유사한 세대를 살아왔던 사람들은 아직도 획일성에 대한 믿음을 강하게 가지고 있는 사람들이 많다. 과거의 경험이 필요할 때도 있다. 농경시대에 특리 그렇다. 하지만 지금의 사회는 급속도로 변화되고 있다. 다양성이 중요하지, 획일성이 중요하지 않다. 하지만 아직도 획일성을 강조하는 사람들이 있으니, 그들이 바로 '라떼'라는 유령들이다. 사회 곳곳에 그러한 유령들이 아직도 사라지지 않고 배회하면서 우리의 삶을 괴롭힌다. 물론 오늘날에도 우리는 '라떼'라는 유령이 필요할 경우도 있지만, 등장하지 않아도 되는데도 지나치게 자주 등장하는 경우가 문제가 된다. 역사는 오늘의 삶과 미래에 도움이 될 경우에만 역사로서의 가치가 있을 뿐이다.

올림픽에서 금메달을 딴 후에 안세영 선수가 인터뷰에서 밝힌 소신 발언으로 한때 사회가 시끄러웠다. 그는 선수들의 부상과 관련하여 협회 차원에서의 지원이 부족했다는 소신 발언을 했다. 그에 대해서 "운동선수가 그거 하나 참지 못하고..."라는 유인촌의 발언이나, "안세영 실망스럽다. 혼자 금 딴 건 아니잖나"라는 방수현의 발언을 문자 그대로 해석하면 개인보다 조직을 우선시하는 발언들이다. 그들 역시 '라떼'들의 유령들이지는 않을까? 물론 우리는 짜깁기에 능숙한 싸구려 언론을 항상 경계해야 한다. 진실을 왜곡하기 때문이다. 그들은 말의 전후 맥락은 고려하지 않고 자신의 입맛에 맞는 발언들만 기사화한다. 그래서 언론에 발표된 그들의 짧은 발언을 두고 그들을 함부로 비난해서는 안 될 것이다. 우리가 글을 쓸 때도 마찬가지이다. 어떤 발언을 인용할 경우에는 그 발언의 맥락을 반드시 세심하게 살펴야 한다.

방수현의 말에 대해서는 신문을 통해 확인할 수 있었다. "제가 생각할 때는 협회나 시스템 이런 것들이 조금 변화되어야 하는 건 맞지만, 안 선수 본인이 혼자 금메달을 일궈낸 건 아니지 않나?" 이것이 방수현이 한 말이다. 하지만 짜깁기 기사는 이 말의 앞부분은 생략했다. 방수현의 발언에 문제가 없는 것은 아니다. 안세영 선수가 "내가 혼자 금메달을 땄다" 혹은 "내가 금메달을 딴 것에 협회가 기여한 일은 전혀 없다"라고 하지 않았지 않은가? 안세영 선수는 협회의 선수 관리의 문제점을 지적했을 뿐이다. 만약 안세영 선수의 소신 발언에 진정성이 있다면, 협회가 변화하면 된다. '라떼'라는 유령은 기득권이라는 유령의 탈을 쓰고 등장하기도 한다. '라떼'라는 유령은 기득권의 꼬리를 붙잡고 싶어 한다.

협회의 중심은 선수이다. 선수가 중심이고 협회는 선수를 위한 조직일 뿐이다. 하지만 그것이 역전이 되어 협회가 중심이 되었고, 선수는 협회의 도구로 전락하여 버렸다. 100여 년 전에 니체가 "신은 죽었다"라고 외친 것도 그와 유사한 병폐를 깨어 부수기 위한 것이었다. 즉 플라톤적인 이원론의 이데아 자리를 차지하고 있는 신이라는 형이상학적 무거움이 삶을 나약하게 만든다는 것이었다. 인간의 삶을 긍정하기 위해서는 신이라는 형이상학적 무거움을 벗어버려야 했었다. 그것이 니체의 근대성 비판의 핵심이다. 니체의 외침은 인간의 삶, 생명이 중심이 되어야 하는 사회에서 인간의 삶이 위축되고, 인간이 죄인으로 전락되고, 삶에 대한 힘에의 의지가 소진되어 데카당스한 병든 사회를 고발하기 위한 외침이었다. 안세영의 소신 발언도 그와 유사했을 것이다. 그는 선수가 중심이 되는 협회를 만들고 싶어 했을 것이다.

니체의 『반시대적 고찰』의 일부를 인용한다. "우리는 삶과 행위를 위해서 역사를 필요로 하지, 삶이나 행위를 편안하게 기피하기 위해서 또는 이기적인 삶이나 비겁하고 나쁜 행위를 미화하기 위해서가 아니다. 역사가 삶에 봉사하는 만큼 우리도 역사에 봉사할 것이다." "불면과 되새김질, 역사적 의미에도 어떤 한도가 있는데, 이 한도에 이르면 인간이든 민족이든 문화든 살아 있는 모두 해를 입고 마침내 파멸한다." "역사의 과잉 속에서 인간은 다시 인간이기를 중지한다." 현재의 삶을 파괴하는 과도한 역사에 대한 집착을 경계하는 말이다. 젊은 세대의 미래에 방해가 되는 역사의 과잉은 신의 죽음처럼 사라져 버려야 하고, 이제는 미래를 이끌어 나갈 젊은이들의 삶의 명랑성을 되찾아야 한다. '라떼'의 유령은 젊은이들의 미래를 위해 이제 사라져야 한다. 사라짐은 침묵의 지혜를 의미한다.

민주주의 속에 떠도는 유령들

　　윤석열 대통령 탄핵 심판 최종변론을 인터넷으로 듣다가 중간에 중단하고 이 글을 쓴다. 대통령의 대오각성을 바라지는 않았지만, 그의 최후 변론은 병적 나르시시즘의 극단적인 모습을 보는 것 같아서 더럭 겁이 났다. 대통령의 생각은 변함이 없었다. 그의 눈에 비친 야당은 여전히 내란 공작 세력에 불과했다. 이제는 북한과 중국과 러시아와 내통하는 관계라고 말한다. 그리고 자신이 선포한 계엄은 계엄의 형식을 빌린 대국민 호소였다고 한다. 지난해 12월 3일! 온 국민이 불안한 마음을 가지고 국회에 무장한 군인이 투입하는 것을 TV를 통해서 지켜봤는데, 어떻게 저렇게 뻔뻔하게 거짓말을 할 수 있을까? 북한과 내통한 내란 공작 세력이 존재하는 이 나라의 현실이 걱정스러워 비상계엄을 선포했다는 말이 도무지 이해할 수 없었다. 대통령의 말들은 자신의 지지자들에게 보내는 선동이었다.

야당이 북한과 내통하는 반국가세력이라는 대통령의 인식이 정
상적일까? 그러면서 반국가세력은 가짜뉴스, 여론 조작, 선전선동으로
우리 사회를 갈등과 혼란으로 몰아넣는다고 한다. 대통령의 현실에 대
한 상황인식이 저 정도에 불과하다는 현실이 안타깝다 못해 좌절감을
느낀다. 극우 유튜브 방송에서나 들을 수 있는 이야기를 헌법재판소에
서 대통령의 육성으로 듣는 것 자체가 비현실적으로 들렸다. 물론 건전
한 정신에서 정의와 진리를 위해 사회적 실천에 앞장서는 많은 국민이
있다는 것을 알지만, 저러한 상황인식을 가진 대통령과 그런 그를 지지
하는 사람들 역시 존재한다는 사실에서 좌절감을 느낀다. 대통령의 최
후 변론은 논리적 근거보다는 선동적인 요소가 강했다. 선동은 이데올로
기적 환상을 불러일으킨다.

대통령은 자신의 속 마음을 상대편에 투사함으로써 자신의 내심
을 숨기려는 일종의 방어기제를 사용하는 것으로 보였다. 자신이 꿈꾸
는 독재를 은폐하기 위해 자신의 속마음을 야당에 덮어씌우는 꼴이다.
그러한 말로써 자신이야말로 나라와 국민을 위한 구국의 결단을 한 사
람으로 포장한다. 어쩌면 현시점에서 그는 탄핵을 피할 길이 없다고 판
단하고, 자신이 살길은 자신을 지지하는 사람들을 최대한 결집시키는
길만이 유일한 길이라고 판단했을지도 모른다. 그런데 그런 전략이 어

느 정도 성공하는 것 같기도 하다. 최소한 경상도 60대 후반의 내 고향 선후배들에게는 그런 전략이 성공했다. 그들은 대통령이 파면당하면 나라가 망한다고 생각한다. 오늘이 지나면 그들은 앞으로 더욱더 자유와 반공을 외치면서 태극기를 높이 치켜들지도 모른다.

    "이데올로기는 그것의 본질에 대한 참여자들의 무지를 통해서만 존재할 수 있는 사회적 현실이다." 지젝의 『이데올로기의 숭고한 대상』이라는 책에 나오는 말이다. 이데올로기는 대중의 무지 속에서 싹이 튼다는 말이다. 지젝의 분석이 맞다면, 우리의 일부는 이데올로기적 환상 속에서 살고 있는 것이 분명하다. 대통령이 주장한 북한과 거대 야당의 야합, 그런 거대 야당의 국정 발목잡기 때문에 계엄을 했다는 것은 일종의 환상이다. 지젝의 이데올로기 공식은 그 무엇이 거짓임을 알면서도 모르는 척 행동하는 것이다. "그들은 실제로 사물들의 실상을 잘 알고 있다. 하지만 그들은 여전히 그것을 몰랐다는 듯이 행동한다. 따라서 환영은 이중적이다." 지젝은 무의식적 환영이야말로 이데올로기적 환상이라고 말 한다. 민주주의가 온갖 종류의 조작과 부패, 대중 선동에 의한 지배 등을 양산하는 것은 사실이다. 그것을 은폐하기 위해 이데올로기적 환상은 우리의 일상 속에 우리와 함께 한다. 지젝은 민주주의가 갖고 있는 부정적 요소들을 제거하는 순간 우리는 민주주의 자체를 잃게 될 것이라고 진단한다. 빈부의 격차를 통해서만 자본주의가 유지된다는 말과 동일하다.

지젝은 라깡의 정신병, 신경증, 도착증을 통하여 사회를 해석한다. 그것을 우리 사회에 빗대어 아주 간단하게 요약하면 다음과 같다. 정신병은 상상계, 상징계, 실재계의 균형이 무너진 상태에서 비롯된다. 이러한 관점에서 보면 대통령의 확증 편향적 사고는 병적 나르시시즘과 닮았고, 그로부터 현실과 환상을 구분할 수 없는 지경에 빠지게 된다. 그러한 사람에게 이 나라의 운전대를 맡기는 자체가 위험스러워 보인다. 한편 신경증은 정신병보다는 심각하지 않지만 그 역시 사회적인 문제를 일으킨다. 신경증은 히스테리와 강박증의 하위 분류로 구분된다. 하지만 그 둘은 모두 객관적 자아, 즉 대타자의 명령에 무조건 복종하는 심리 상태를 의미한다. 이들이 바로 서부지법을 공격한 사람들일 것이다. 또한 도착증은 주관적 자아와 객관적 자아의 자리가 뒤바뀐 경우이다. 그 예가 수단과 목적이 전도되어 종북좌파만 척결할 수 있다면 우파 꼴통이 되어도 좋다는 일부 사람들의 심리 상태이다. 이 모든 것이 우리 사회가 안고 있는 사회 병리적 현상이다.

이데올로기는 교리, 믿음, 의례라는 전 과정을 통해 주체를 생산하고 주체는 그것들을 강화한다. 그 과정은 이데올로기 국가 장치의 일방적 주입이 아니라 우리의 의례적 행위에 깊숙이 새겨져 있다. 그래서 그들은 거짓임을 알고 있으면서도 그것을 모르는 척 하면서 그 모순을 즐기고 있다. 이데올로기는 이성적 인식의 문제를 넘어 욕망하는 주체의 삶과 연결되어 있다. 현실은 실재계를 가상화하는 이데올로기적 환상을 통해 자신을 지탱하고 있다. 이에 대해 지젝은 이데올로기의 환상을 벗어던지고 자신의 맨얼굴을 보려는 실천을 강조한다. 지젝의 현실 분석은 지금 우리 사회의 문제를 해결하는데 하나의 실마리는 안겨준다. 좌우 냉전시대의 이데올로기가 기득권들의 욕망을 숨기면서 아직도 유령처럼 우리 사회에 돌아다니고 있다. 우리 사회의 벽은 이데올로기라는 유령의 탈을 쓴 사회 기득권들이 만든다. 그 벽은 좌우 이념의 벽이기도 하다. 그 벽은 이데올로기라는 환상에서 벗어나야 허물어뜨릴 수 있을 것이다. 이데올로기는 봄날의 아지랑이와도 같다. 그 뒤에는 아무것도 없다.

법 위의 자유, 그의 몰락

　　윤석열 전임 대통령은 지난 3월 8일 법원과 검찰의 기묘한 법 해석으로 구속 취소된 후 124일 만에 다시 구속되었다. 우리의 언론은 그 사건을 어떤 시선으로 보는가 싶어 몇몇 신문의 헤드라인 기사만 훑어봤다. 조선일보는 '머그샷 찍고 에어컨 없는 3평 독방 수감'이란 제목의 기사를 실었다. 경향신문, 동아일보도 대동소이하였다. 아침은 미니 치즈 빵, 찐 감자라고 한다. 중앙일보는 '외환죄, 국힘 내란공모 의혹 정조준'이란 제목의 기사를 실었고, 한겨레 신문은 '외환 혐의 정조준'이란 제목의 기사를 실었다. 법 위에 군림하려고 했던 한 인간의 몰락을 바라보는 시선은 언론마다 차이가 났다. 하지만 어느 신문에서도 법 위에 군림하면서 헌정 질서를 파괴하려고 했던 전임 대통령의 과오에 대한 비판의 글을 실은 기사는 보지 못했다.

그는 재임 중에 무엇보다도 '자유'를 많이 외쳤다. 비상계엄 선포 이유 중에도 '자유'가 포함되어 있다. 그가 말하는 자유는 무엇일까? 그는 '종북 반국가세력을 일거에 척결하고 자유 헌정 질서를 지키기 위한다'라는 명목으로 비상계엄을 선포했다. 그가 말하는 자유에는 반공도 포함되어 있겠지만, 외부의 어떤 강제가 없는 상태를 포함하기도 할 것이다. 그는 자신이 하고 싶은 대로 하는 것이 자유라고 생각할 것이다. 자유방임이다. 그것이 바로 소수 기득권이 강조하는 강자의 자유이다. 그것이 자유의 모든 것이 아니다. 그는 분명 자유에 대한 잘못된 견해를 가지고 있다.

버틀런드 러셀은 자유주의 철학을 처음 포괄적으로 종합한 사람으로 로크를 꼽았다. 그의 『통치론』이란 책이 18세기 미국 정치가들의 필독서로 소개되었다고 하니 러셀의 말이 틀린 말은 아닐 것이다. 로크의 『통치론』은 그 당시 왕권신수설을 믿고 따랐던 필머를 비판하기 위해 쓴 책이다. 로크가 비판한 필머의 자유 개념은 '권력자의 자의적 자유'였다는 점에서 윤석열은 필머와 닮았다. 어쩌면 윤석열은 21세기에 왕권신수설을 믿고 있었는지는 모르겠다. 오랜 검찰 생활을 통하여 자신이 타인을 죄인이라고 명하면 그 사람이 죄인이 되었기에 자신이 신으로 착각할 수도 있었을 것이다. 그런 검찰 생활에 익숙했던 그가 대통령이 되었으니 세상을 자기 마음대로 움직일 수 있다고 착각할 수도 있었을 것이다.

로크는 『통치론』 4장에 이렇게 말한다. "자유란 로버트 필머 경이 우리에게 말하는 것처럼, 사람마다 각자 하고 싶은 대로 행동하고, 기분 내키는 대로 살며, 어떠한 법에도 구속되지 않는 자유가 아니다. 정부 아래에서 인간의 자유란 일정한 규칙, 곧 그 사회에서 설립된 입법권에 따라 제정되고 그 사회의 모든 사람에게 적용되는 공통된 규칙에 따라 사는 것이다." 로크가 말하는 자유는 일정한 법 테두리 안에서의 자유이다. 그러한 법은 구속이 아니라 오히려 자유를 보장해주는 조건이 되는 것이다. 하지만 법 위에 군림했던 윤석열과 김건희에게 법은 자신들의 이익을 보장해 주고, 또한 나아가서 정당화시키는 도구에 불과했다. 그런 도구로서의 법을 이용하여 얼마나 많은 정적들을 괴롭혔나? 조국 가족이 대표적인 사례라고 본다. 권력에 빌붙는 속성을 버리지 못한 언론과 일부 지식인들은 또 얼마나 권력에 충성했는가? 자유는 결코 나만의 자유가 되어서는 안 된다. 지나치게 개인주의적인 자유를 강조할 때, 그리고 그런 사람이 권력을 가지고 있을 때 그가 휘두르는 자유는 타인에게는 흉기로 다가올 뿐이다. 늑대의 자유는 양떼의 죽음이다.

로크가 말하는 자연 상태에서의 인간은 모두 자유롭고 평등한 존재이다. 그리고 이를 보장하기 위해서는 로크는 이성의 법을 확립하고자 하였다. 즉 자연 상태에서는 서로의 이익이 충돌을 일으키지만, 이성의 법을 통해 그 충돌을 해소하고자 하였다. 로크는 몽테스키외에 앞서 법과 재판관, 법을 행하는 권력이란 불완전한 형태였지만 권력 분립을 주장하였다. 그로부터 로크는 누구도 다른 사람의 생명, 건강, 자유 또는 소유물에 위해를 가해서는 안 된다는 결론을 도출하였다. 물론 로크는 자신의 소유물을 자신의 마음대로 처분할 수 있는 자유를 말하면서 자본주의의 경쟁을 옹호하는 측면이 없지는 않았지만, 로크의 생각이 영국 의회민주주의를 확립하는데 이론적 기초를 놓게 되었다는 점과 고전적 자유주의자의 한 명으로서의 자유에 대한 그의 생각은 다시 음미해볼 만하다.

윤석열의 몰락은 한 시대의 불행이라고 가볍게 넘길 수는 없다. 우리는 이를 계기로 자유를 다시 생각해 보아야 할 것이다. 지나친 개인주의로 말미암은 지나친 경쟁은 많은 인간을 불행에 빠트린다. 자유는 자유로운 경쟁이 아니라 협동 속에서 꽃이 핀다. 자유는 자기실현이다. 어떻게 자기실현을 하는가? 데카르트식의 "나는 생각한다. 고로 존재한다"는 생각은 이제는 버려야 한다. 네가 있기에 내가 존재한다는 관계 중심적 세계관이 필요하다. 네가 있어 내가 있다면, 이 세상 모든 것이 소중할 수밖에 없다. 이제 자유의 본질을 다시 생각해 볼 때이다. 더 이상 윤석열과 같은 불행한 인간이 사회 지도층에 등장하지 않기를 바란다.

헌법에 담겨있는 자유

　　인간이 인간을 수단으로 대하는 사회는 더 이상 인권을 소중한 가치로 존중하는 사회가 아니다. 요즘 들어 공권력의 수사를 받다가 목숨을 잃는 의문의 죽음을 자주 목격하게 된다. 그것이 의문의 죽음인 이유는 삶의 포기에 해당하는 극단적 선택이 과연 개인의 자유로운 선택이었을까 하는 의문이 들기 때문이다. 어쩔 수 없는 선택은 강제이지, 자유가 아니다. 한 개인을 죽음이라는 막다른 골목으로 몰아붙이는 공권력과 거기에 부화뇌동하는 언론과 지식인들의 힘은 모두 인간에 대한 폭력으로 작용한다. 만약 국민의 생명을 보호해야 할 국가가 국민의 생명권을 위협한다면, 그것은 국가로서의 자격을 잃은 것이다. 홉스의『리바이던』에서도 "주권자에 대한 국민의 의무는 주권자에게 국민을 보호할 수 있는 권력이 존속하는 한 계속된다"고 하였다. 이 말은 국가가 아무리 바다 괴물 같은 막강한 힘을 가졌더라도, 국민의 생명을 보호하지 못하면, 그의 생명은 끝난다는 의미이다. 그와 함께 리바이던에 복종해야 하는 국민의 의무는 사라지게 된다.

이러한 논리는 미국의 독립선언문 2장에 그대로 반영되어 있다. "우리는 다음과 같은 사실을 자명한 진리로 받아들인다. 즉 모든 사람은 평등하게 창조되었고, 창조주는 몇 개의 양도할 수 없는 권리를 부여했으며, 그 권리 중에는 생명과 자유와 행복의 추구가 있다. 이 권리를 확보하기 위하여 인류는 정부를 조직했으며, 이 정부의 정당한 권력은 인민의 동의로부터 유래하고 있는 것이다. 또 어떤 형태의 정부이든 이러한 목적을 파괴할 때는 언제든지 정부를 개혁하거나 폐지하여 인민의 안전과 행복을 가장 효과적으로 가져올 수 있는, 그러한 원칙에 기초를 두고 그러한 형태로 기구를 갖춘 새로운 정부를 조직하는 것은 인민의 권리인 것이다." 여기에는 국민의 권리가 담겨있다. 국민은 정부가 국민의 생명, 자유, 행복 추구를 파괴할 때는 언제든지 정부를 개혁하거나 폐지하여 새로운 정부를 조직하는 것이 국민의 권리임을 밝히고 있다.

미국의 헌법 전문에는 "우리 미국 국민은, 보다 완전한 연합을 형성하고, 정의를 확립하며, 국내의 평안을 보장하고, 공동 방위를 규정하며, 국민 복지를 증진하고, 우리와 우리의 후손들에게 자유의 축복(the Blessings of Liberty)을 보장하기 위하여, 이 미국 헌법을 제정한다"라고 되어 있다. 미국 헌법 전문의 독특한 점은 주어가 '국민'이라는 점이다. 우리나라 헌법 전문의 주어는 '대한민국'이다. 그것은 미국 사회가 우리보다는 국가보다 개인을 소중히 여기는 반증일 것이다.

우리나라 헌법 전문은 미국에 비하여 매우 길다. 그리고 온갖 좋은 말들이 모두 동원되어 있다. 임시정부의 법통과 불의에 항거한 4·19 민주 이념의 계승, 조국의 민주개혁과 평화적 통일의 사명, 민족의 단결, 모든 사회적 폐습과 불의를 타파, 자율과 조화를 바탕으로 자유민주적 기본질서 확립, 자손의 안전과 자유와 행복을 영원히 확보, 기회를 균등히 하고 능력을 최고도로 발휘, 항구적인 세계평화 등이다. 이를 한 문장으로 요약하면 다음과 같을 것이다. "대한민국은 자율과 조화를 바탕으로 자유민주적 기본 질서를 확고히 하여 자유와 권리에 따르는 책임과 의무를 완수한다." 우리의 헌법 전문에는 민주, 자유, 평등, 평화 등의 가치들이 모두 포함되어 있지만, 자유민주적 기본 질서를 근본에 두고 있다.

미국과 우리나라의 헌법에는 다소 차이가 있지만, 모두 자유를 강조한 것은 공통점이라고 할 수 있다. 하지만 자유는 다양한 측면에서 정의할 수 있다. 가장 일반적인 자유에 대한 정의는 모든 억압으로부터의 해방이라는 소극적 자유일 것이다. 하지만 자유는 가치 있는 것을 자율적으로 선택하여 실행에 옮길 수 있는 역량으로 정의할 수도 있다. 만약 자유를 역량의 자유로 정의할 경우, 우리는 다양한 선택을 할 수 있는 가능성을 열어 두면서 그 가능성을 실행에 옮기는데에 있어서 발생하는 모든 부자유를 제거해야 한다. 그래서 자유는 진보적인 성향을 가진다. 이것은 자신이 하고 싶은 것을 자기 마음대로 행사하는 적극적 자유와는 성격이 다소 다르다. 적극적 자유는 타인에 대한 폭력으로도 전환될 수 있기에 그러하다.

만약 자유를 억압하는 부자유가 존재하고, 공권력에 의한 폭력으로 부자유가 발생한다면, 우리는 인권의 주체로서 의무의 주체인 국가에게 우리의 권리를 주장하여야 한다. 인권의 배후에는 자유가 도사리고 있다. 자유와 마찬가지로 인권 역시 인간다운 삶을 영위하기 위한 인간의 가장 기본적인 가치이다. 특히 생명권은 다양한 인권 중 가장 기본적인 권리이다. 그래서 우리는 생명권에 대한 우리의 권리를 의무의 주체인 국가에게 다음과 같이 물을 수 있어야 한다. "당신은 국민의 생명권을 보호했는가?" 만약 국가가 국민을 권력 유지의 수단으로 생각하여 국민의 생명을 위협한다면, 우리는 당연히 그러한 국가는 국민의 손으로 개혁하거나 폐지하여야 한다. 국가뿐만이 아니라 국가가 권력을 유지하기 위한 도구로 삼는 사이비 언론, 사이비 지식인들마저도 우리는 자유의 이름으로 그들을 거부해야 한다. 그것이 바로 국민의 저항권이며 위대한 거부이다.

자유와 권위주의의 유혹

　오늘날같이 자유의 가치가 소중한 적은 없을지도 모른다. 지난해 12월 3일 이전에는 모든 국민들이 그냥 평범한 일상을 살아가고 있었을 것이다. 그러나 대통령이란 사람이 12월 3일 야밤에 느닷없이 비상계엄을 선포하여 모든 국민을 놀라게 하였다. 비상계엄은 전시상황처럼 국가의 질서가 무너질 위기 상황에서 국민들의 안전을 지키기 위해서 정부가 취할 수 있는 강력한 조치이다. 하지만 우리나라 비상계엄 선포는 그와는 다르게 선포되었다.

　1980년의 비상계엄은 자신들의 권력 유지를 위해 국민을 대상으로 하는 폭력의 행사였다. 지난해의 비상계엄은 자기 뜻에 반대하는 사람들을 체포하기 위해서 선포했다. 국회를 무장한 군인들이 침입하고, 선거관리위원회에도 침입했다. 선거관리위원회 침입은 지난 국회의원 선거가 부정선거였다는 것을 조작하기 위한 수단으로 활용하기 위한 것이었다는 것이 밝혀지고 있다. 비상계엄의 선포는 개인의 자유에 대한 억압이다. 국민을 향해 총칼 앞에 숨죽이고 살라는 메시지의 전달이다.

우리가 밥 먹듯이 내뱉는 말이 자유민주주의란 말일 것이다. 여기서 자유란 무엇일까? 국민 중 일부의 사람들은 북한의 인민민주주의에 반대되는 말이 곧 자유민주주의라고 생각할지도 모른다. 그들에게 자유주의는 냉전 시대의 반공주의에 불과하다. 하지만 자유는 반공과는 거리가 멀다. 공산주의가 공산당이라는 일당 독재 체제라고 간주한다면, 탄핵당한 윤석열 대통령이 꿈꾸는 사회는 아이러니하게도 공산주의의 일당 독재를 꿈꾸고 있었다. 나에게 반대하는 자들은 모두 국가에 적대적인 세력으로 몰아붙이니, 그야말로 공산당 일당 독재를 꿈꾸는 것이 아닌가? 생각의 차이를 배제로 간주하는 것이 바로 독재이다. 그는 입만 열면 자유를 들먹이지만, 사실 그가 말하는 자유는 어린아이의 자유처럼 유아적인 수준에 머물러있다. 그럼에도 불구하고 그런 그를 지지하는 사람도 여전히 많은 것을 보면 이 사회는 무척 심한 중병을 앓고 있다는 생각을 떨쳐버릴 수가 없다.

최근에 에리히 프롬의 『자유로부터의 도피』를 다시 읽어보았다. 어쩌면 그의 분석이 우리의 상황과도 유사할 수도 있다는 생각이 들었다. 서문에 나오는 표현이다. "자유는 근대인에게 독립성과 합리성을 가져다주었지만, 또 한편으로는 개인을 고립시키고 그로 말미암아 개인을 불안하고 무력한 존재로 만들었다." 프롬은 그러한 개인의 불안과 무력감이 개인을 자유로부터 도피하게 만들었다고 진단한다. 그것이 나치 지배하의 독일 시민들의 병리적인 의식으로 진단했다. 인간은 자기 보존의 욕구가 강하기에 사회적인 고립감을 견디지 못한다. 여기서 개인은 자기 자신의 참된 인간성을 발휘하는 생산적인 인간으로 나아가야 하지만, 그렇지 못할 경우 결국 권위에 복종하게 되고, 자기 스스로 권위적인 사람으로 변모하게 된다는 것이다.

개인이 가진 합리적인 이성을 개발하고 타인과의 연대와 사회에 적극적으로 참여함으로써 자신의 인간성을 발휘함으로써 개인의 힘은 증대가 되고, 그것이 곧 생산적인 인간의 모습이다. 하지만 개체화되는 과정에서 개인의 무력감이 깊어질 때 인간은 힘의 증대와 개체화 과정의 불균형이 생긴다는 것이다. 그럴 경우에 개인은 자유를 박탈하더라도 불안을 없애주겠다고 약속하면, 자유에서 벗어나 그 관계 속으로 도피하거나 복종으로 도피하려는 강력한 경향이 생겨난다고 보았다.

지금 우리 사회의 모습이 바로 그렇지 않을까? 자유민주주의의 적은 외부에 있는 것이 아니라 우리 내부에 있는지도 모른다. 외부의 권위에 의존하기보다 우리 내면에 있는 부처나 예수님을 발견해야 할 것이다. 부처의 가르침이 무주상 보시로서의 자비이고, 예수님의 가르침이 아가페적 사랑이라면, 그 둘은 모두 하나이다. 외부의 권위에 의존하는 한 우리는 그들의 노예에 지나지 않는다. 그들의 수단으로 전락된다. 그들이 주입하는 양심이라는 초자아 역시 지금 여기 그대로 온전한 우리의 삶을 파괴시킨다. 그 결과는 초라하게도 익명의 권위에 의존하는 자동기계 같은 삶을 살아가는 인간으로 전락될 뿐이다.

서구의 역사에서 자유는 근대에 등장하였다. 중세 사회에서는 자유라는 개념이 등장할 필요가 없었다. 저마다 사회 공동체 내에서 살아가는 것이 자연스러웠기 때문이다. 하지만 상업의 발달과 함께 근대에 등장한 개념이 자유였다. 그러한 자유의 증가는 새로운 의존을 낳았다. 프롬은 무엇으로부터의 자유가 개인과의 모든 유대관계를 끊는 계기가 되었고, 그로부터 개인의 고립감과 무력감이 증대되었다고 진단한다. 그래서 그는 무엇으로부터의 자유라는 소극적 자유에서 무엇에로의 자유라는 적극적 자유로 나아가기를 권하고 있다.

여기서 말하는 적극적 자유는 자기 마음대로 하라는 방종을 의미하는 것이 아니다. 그가 말하는 적극적 자유는 휴머니즘적 자유이다. 사물을 소유한다든가, 시장지향적인 비생산적 자유가 아니라, 사물을 존재 그 자체로 보는 생산적 자유이기도 하고, 나아가서 사회에 관심을 가지면서 사회에 적극적인 참여와 연대를 통해 삶을 풍요롭게 만드는 자유이다. 그래서 그는 모든 권위주의적 종교를 거부하고 휴머니즘적 종교를 강조한다. 휴머니즘적 종교란 바로 내 안에 있는 부처를 발견하고, 내 안에 있는 하나님을 발견하는 것이고, 그의 말씀에 귀 기울이고 실천에 옮기는 것이다.

참된 자기애와 타인에 대한 사랑

　　나는 칼뱅에 대해 잘 모른다. 그러나 에리히 프롬이 보는 칼뱅은 부정적이다. 그는 『자기를 찾는 인간』에서 "이기적인 인간이 되지 말라!"는 가르침이 칼뱅주의에 있다고 밝히고 있다. 칼뱅은 다음과 같이 말했다. "우리는 우리 자신의 것이 아닙니다. 그러므로 가능한 한 우리 자신은 물론 우리가 소유하고 있는 모든 것에 대해서 잊읍시다. 반면 우리는 하나님의 것입니다. 그러므로 하나님을 위해 살고 하나님을 위해 목숨을 바칩시다." 칼뱅은 자기애를 페스트에 비유했다. 프롬은 칼뱅의 사상이 인간을 국가와 세속적인 권위에 대한 부속물이 된다는 태도에 대한 근거를 마련해 놓았다고 비판한다. 즉 참된 자기애가 아니라 자신의 외부에 있는 어떤 권위에 대한 복종은 개인의 자발성을 억압하고 자유를 억압하는 가장 강력한 이념적인 도구의 하나가 된다는 것이다.

칼뱅에 대한 비판은 슈테판 츠바이크의 『다른 의견을 가질 권리』에서도 등장한다. 그 책 속에서의 칼뱅은 그야말로 독재자의 전형이었다. 그에게는 종교적 관용을 찾아볼 수가 없었다. 그는 단 한 번도, 누구도 용서한 적이 없었다고 한다. 칼뱅은 자신은 잘못을 범하지 않는다는 망상에 사로잡혀서 모든 반대자를 이단으로 몰아세웠다. 그는 국가적 권력에 근거해서 종교, 도덕, 세속의 일을 모두 혼자서 결정하는 월권을 행사했다. 그는 그와 의견이 다르다는 이유만으로 세르베투스를 화형에 처했다. 그 책에서 칼뱅은 광신적인 우월감에 사로잡혀있는 인간으로 묘사된다. 이러한 측면에서 프롬이 칼뱅에 대한 비판은 정당했다고 보인다.

프롬이 말하고 싶은 것은 참된 나를 찾는 자기 관심이다. 자신의 외부에서 자기를 찾는 인간은 자칫 다른 길로 빠져들 수 있다는 것이다. 그래서 프롬은 다음과 같이 말한다. "자기 자신에 대한 사랑과 이해는 다른 사람에 대한 존경과 사랑, 이해로부터 분리될 수 없다." 자기 자신을 사랑하는 것과 타인을 사랑하는 것은 선택의 문제가 아니라는 것이다. 자신을 사랑하는 사람이 곧 타인을 진정으로 사랑할 수 있음을 이야기한다. 여기서 말하는 진정한 사랑이란 생산성의 표시이며, 자기가 사랑하는 사람의 성장과 행복을 바라는 적극적인 욕구로서 자기 자신을 사랑할 수 있는 능력에 뿌리를 박고 있다.

프롬은 이기주의와 자기애는 정반대라고 설명한다. 이기주의적인 사람은 자신을 너무 많이 사랑하는 것이 아니라, 너무나 적게 사랑하고 있다는 것이다. 이기주의자들은 자신에 대해 지나치게 관심을 쏟고 있는 것처럼 보이지만, 실제로는 자기 자신의 진정한 자아에 대해 관심 갖는 것에 실패한 것을 은폐하고 보상하려는 무익한 시도에 불과하다는 것이다. 자신에 대한 애정과 관심의 결여는 생산성의 결여를 가져온다. 오직 자식만을 생각한다는 부모의 사랑이 적절한 예이다. 그들은 자신을 진정으로 사랑할 수 있는 능력이 결핍되어 있으며, 자신의 생에 대한 부정적인 생각으로 가득 차 있기에 자식에게 강요만 반복할 뿐이다. 오직 자식만을 생각한다는 부모의 생각은 이미 병적인 증상이다. 참된 자기애를 가진 부모는 자식에게 무엇이 사랑이고, 행복인가에 대한 체험을 주는 것이다.

스피노자에게 자기의 이익을 추구하려는 관심은 미덕과 동일시된다. 인간의 관심은 인간의 생존을 유지해 나가는 것인데, 인간의 생존을 유지한다는 것은 인간이 타고난 잠재력을 실현시키는 것도 동일하다. 그래서 스피노자에게 자기 관심은 인간의 본성과 관계있기에 객관적인 것이 된다. 그러나 이러한 자기 관심이 스피노자의 생각과 달리 현대에 와서는 물질적인 획득과 권력, 성공에 대한 관심과 일치하는 것이 되어버렸다. 프롬은 이러한 타락은 자아라는 개념의 변천과도 관계가 깊다고 설명한다. 세계가 자본이 주도하는 사회가 됨으로써 자아의 개

넘은 상품으로 전락해 버렸다는 것이다. 프롬은 현대 문화의 실패는 진정한 자아에 대한 관심에 충분하게 몰두하고 있지 않다는 사실에 있다고 보았다. 그것은 사람들이 너무 이기적이라는 사실에 있는 것이 아니라 그들이 자신들을 사랑하고 있지 않다는 사실에 그 원인이 있는 것이라고 밝히고 있다. 프롬은 자신에 대한 참된 사랑은 타인에 대한 사랑으로 이어진다고 설명하고 있다.

프롬의 생각은 자리이타라는 불교의 정신과 일맥상통한다. 불교는 살아있는 모든 것에 불성이 있다고 가르친다. 내 안에 불성이 있고, 그것을 보려고 하는 노력은 결국 자신에 대한 사랑이다. 또한 부처의 가르침은 세상의 모든 것이 연기로 이루어져 있다고 보는 관계 중심적인 세계관이다. 인간에 내재되어 있는 본래면목을 깨우치고, 그와 함께 세상 모든 것이 연기로 이루어져 있음을 인정하게 될 때 자연스럽게 나 이외의 모든 것에 대한 사랑이 함께 뒤따른다고 볼 수 있다. 그것이 바로 자리이타의 정신이다. 가이아의 분노라는 생태계의 파괴에 직면하고 있는 현대 사회에서 불교적 가르침이 절실히 필요한 이유가 바로 그곳에 있다. 생태계의 파괴라는 문제를 해결하기 위해서는 자연은 인간의 목적을 위한 수단에 불과하다는 인간 중심적인 세계관이 아니라 세상의 모든 것은 모두 서로 관계하고 있다는 관계 중심적 세계관과 참된 자기애를 통한 자리이타의 정신이 절실히 필요하다는 점에서 프롬의 사상과 불교적 가르침은 중요한 시사점을 제공한다.

혼돈 속의 자유

　　이번 주말에 1박 2일의 일정으로 문학 행사를 진행한다. 나는 회사생활을 하면서 이와 유사한 큰 행사를 무수히 많이 치렀다. 호스트로 기획하고 실행에 옮겼다고 말하는 것이 정확할 것이다. 30여 년 전에는 그러한 일이 제약회사 병원부 영업의 한 부분이었다. 대학병원 내과부 전체 교수들을 모시고 제주도 1박 2일 여행하는 일에서부터 해외학회에 참석하는 교수들을 모시고 해외학회에 직접 다녀오는 일까지 다양한 기획을 했었다. 학교 선생님이 학생들을 데리고 소풍가는 것이 아니기에 내가 하는 일 중 가장 중요한 것은 큰 아웃-라인만 정하고 나머지 부분은 교수들 각자에게 맡기는 것이다. 일사불란이란 것은 있을 수가 없었다. 물론 전체를 기획하고 성공적인 결과를 얻기 위해서 나는 한순간이라도 정신을 놓지 말아야 하는 어려움이 없는 것은 아니다.

나의 경험 때문인지는 몰라도 나는 일사불란한 일정을 싫어한다. 큰 그림만을 제시하고 세부적인 것들은 참석자들의 개인적인 판단에 맡긴다. 물론 개인적인 판단이 전체에 영향을 미쳐서는 안 된다는 점은 강조하기는 한다. 개인들의 자유를 존중했다고도 말 할 수 있다. 실은 대학병원 교수들이기에 내가 그러한 점을 강조하지 않아도, 스스로가 자유를 즐기면서 전체의 일정에 해를 끼치지 않았다. 하긴 제주도나 해외의 경우 비행기에 탑승해야 하기에 비행기 탑승만은 시간을 지켰다. 다만 한 분의 교수가 과음하여 승무원에게 탑승 거부라는 제지를 받았지만, S 대학병원 내과 교수라는 타이틀로 탑승한 해프닝은 있었다. 그렇게 나는 성공적으로 행사를 여러 차례 치렀고, 그런 만큼 나의 영업 실적은 매우 우수했다.

하지만 권위주의 시대를 경험한 내 또래의 다른 많은 사람들은 일사불란한 통제 속에서의 관리를 중심으로 하는 일정을 좋아하는 것 같다. 이번 문학행사에는 이튿날 문학관 방문일정이 기획되어 있었다. 참석자 전체가 100여 명에 가까워서 나는 단체로 문학관 방문은 쉽지 않음을 직감했다. 그래서 문학관 방문을 원하지 않는 분들을 위해 다른 대안도 제시하면서 참석자들에게 선택의 자유를 주자고 제안했다. 다양성 속에서의 선택이야말로 참된 자유라고 생각했었다. 하지만 나의 의견에 찬성하는 사람은 없었다. 그들은 선택의 자유보다는 일사불란한 움직임을 좋아했다. "우리는 하나다!" 이와 유사한 분위기이다. 일사불란의 배후에는 통제의 편리함이 숨어있을 뿐이다. 권위주의 시대를 경험한 세대들의 슬픈 자화상일지도 모른다.

이태원 참사와 같은 사건은 어쩌면 무한한 자유와 통제되지 않은 무질서에서 비롯된 참사일지도 모른다. 자유권은 인간의 소중한 권리이지만, 권리에 따르는 국가의 의무를 주장하는 것도 국민의 권리에 해당한다. 즉 우리의 자유를 누리기 위해 국가에 최소한의 보호를 요구할 수도 있다는 것이다. 이태원 참사는 국가가 최소한의 보호조치만 취했다면 발생하지 않아도 될 참혹한 사건일 수도 있다. 카오스 속에서의 코스모스는 최소한의 통제가 이루어질 때 가능할지도 모른다. 세상의 모든 일은 중용의 도가 필요할지도 모른다. 자유와 통제의 균형도 결국 중용의 도이다.

태초에는 질서보다는 어둠이 있었지 않았을까? 어둠의 무질서 속에서 생명이 탄생하였고, 그로부터 질서가 생겨났을 것이다. 서양의 탈레스가 세상의 근원은 물이라는 유한정자로 본 것과 달리 동양의 노자는 세상의 근원은 도라는 무한정자로 보았다. 서양에서는 탈레스 이후 아페이론을 이야기한 아낙시만드로스를 거쳐 다시 플라톤에 이르러서는 세상에서 참으로 존재하는 것은 이데아라고 하게 되었다. 이데아는 질서의 세계이고, 그것을 모방한 세계가 우리가 사는 세상이었다. 서양적 사고는 질서에서 무질서가 탄생하였고, 그 무질서는 질서의 모방에 불과했기에, 그 무질서는 극복되어야 하는 것이었다. 이러한 생각이 중세를 거치면서 이데아의 자리에 신이 위치하게 되었고, 그래서 서양적 사고는 이곳에 아니라 저곳을 동경하게 되었다.

노자는 도를 도라고 말하면 그것은 도가 아니라고 말하였다. 도는 말로써는 표현할 수 없기에 현묘한 것이었다. 도덕경 21장에는 도는 오직 있는 듯 없는 듯 황홀하다고 하였고, 그윽하고 어두움 속에 알맹이가 있다고 하였다. 도는 그만큼 현묘하지만 그로부터 만물이 시작된다는 것을 의미한다는 말로도 해석할 수 있을 것이다. 도덕경 42장에는 도는 하나를 낳고, 하나에서 둘이 나오고, 둘에서 셋이 나오고, 셋에서 만물이 생성한다고 말하였다. 도덕경의 지혜는 도는 현묘한 것이며 그러한 현묘함 속에서 만물이 탄생한다고 본다. 즉 동양적 사고는 도에서 생겨난 이 모든 현상세계는 도의 모사품이 아니기에 도의 이치를 깨닫기만 하면 되는 것이다. 서구적 사고는 이데아, 신이 세상의 근원이라면, 동양적 사고 아니 노자적 세계관에서는 도가 그 위치를 차지한다. 도는 자연의 이치일 뿐이다. 서구의 기독교적인 원죄설도 없다. 그래서 동양적 사고는 자연의 이치를 깨닫고 그에 순응하기만 하면 된다.

태초에 무, 혼돈이 있었다는 동양적 사고는 인간을 참된 자유로 이끈다고도 할 수 있다. 서구적 사고는 질서에서부터 혼돈이 생겼고 그 혼돈은 악이고 무질서였다. 그래서 이데아나 신에게 복종을 요구하였

혼돈 속에 자유

을 것이다. 이데아나 신의 자리에 권력이 등장하면 당연히 그 주변의 모든 것은 권력에 복종할 수밖에 없다. 그것이 서구의 제국주의적 발상의 근원이지 않았을까? 혼돈은 무질서인 것 같지만, 그 속에 질서가 존재한다. 다만 우리가 나의 시선으로 질서의 기준을 정하기 때문에 무질서하다고 착각할 뿐이다. 무질서한 것 같지만 그 속의 질서를 볼 수 있음이 카오스 속에서 코스모스를 보는 것이다. 그 속에 참된 자유가 있다. 하지만 보다 중요한 것은 자유는 타인과 공동체에 대한 책임을 통해 완성된다는 것이다. 그 역시 중용의 도일 것이다.

훌리건 사회와 자유의 그림자

주말에 가족과 함께 배구 경기를 시청하고 있었다. 함께 TV를 시청하고 있던 사위가 나에게 묻는다. "아버님! 응원하는 팀이 있습니까?" "아니! 그냥 게임을 즐길 뿐이야!" "그런가요? 저는 제가 응원하는 팀이 없으면 스포츠 중계를 시청하지 않습니다." "아! 너는 그렇구나!"라고 대답하고 그냥 지나쳤다. 그러나 오늘 문득 사위의 말이 생각났다. 며칠 전에 내가 썼던 글이 생각나서이다. "정치적 양극화를 극복하기 위해서는 국민이 응원단으로 전락되어서는 안 되며, 심판의 관점에서 경기를 즐겨야 한다"라는 내용의 글이었다.

모든 스포츠 게임은 우리가 만들어 놓은 규칙에 따라 양 팀이 나누어서 승패를 가르는 놀이이다. 모든 게임은 승패가 나누어진다. 승자가 있고 패자가 있지만, 나는 게임의 승패와 무관하게 게임을 본다. 내 편, 네 편의 승리나 패배보다는 수준 높은 경기를 보는 것이 더욱 즐겁기 때문이다. 내가 직접 참여하는 게임도 있다. 친구들과 즐기는 당구 게임이다. 나는 나보다 실력이 좋은 상대를 만나면 게임에 더욱 몰두한다. 그러면서 배우려는 자세를 잃지 않는다. 진정한 친구는 가장 훌륭한 적이다. 가장 훌륭한 적은 나의 실력을 향상시켜 주기 때문이다. 물론 나보다 실력이 낮은 친구와의 게임도 즐긴다. 나 스스로 다양한 가능성을 시도할 수 있기 때문이다.

정치를 바라보는 시선도 이와 같지 않을까? 일부 정치인들에게는 정치권력을 쟁취하는 것이 삶의 목표일지도 모르지만, 대부분의 시민들은 서로 다른 이념을 가진 정치인들이 공정한 룰을 지켜가면서 자신의 이념을 실천해 나가는 것을 보고 싶어 할 것이다. 즉 정치에서의 페어플레이를 보고 싶어 할 것이다. 물론 나의 신념과 유사한 생각을 가진 정치인도 있고, 그렇지 않은 정치인도 있다. 그렇다고 국민들마저 정치적인 양극단의 응원단으로 전락되어서는 안 된다. 우리 사회가 그런 사회로 이행된다면 이 사회는 소위 말하는 '훌리건 사회'로 전락될 것이다.

훌리건은 축구 경기에서 폭력을 행사하는 관중, 팬들을 말한다. 공정한 경기를 했음에도 불구하고 자신이 응원했던 팀이 패배했다고 폭력을 행사하는 것은 자유의 탈을 쓴 방종에 불과할 뿐이다. 오늘날 우리의 정치 현실에서도 볼 수 있는 장면이다. 자신이 지지했던 대통령이 감옥에 갔다고 법원을 공격한 군중들은 홀리건과도 다를 바 없다. 어쩌면 권력을 쥐고 있는 권력자들이 이 사회를 홀리건 사회로 몰아가고 있는지도 모른다. 그들은 대중의 지지를 얻지 않고서는 자신의 불법을 은폐할 수 없기 때문이다. 그런데 과연 홀리건의 행동은 자유로운 행동일까? 자유인 것 같지만 자유의 그림자에 불과하다.

슬라보예 지젝은 freedom과 liberty와의 차이를 규명하려는 노력은 많았지만 누구도 명확한 결론에 이르지 못했다고 하면서 위키백과의 내용을 언급한다. "freedom이 배타적이지는 않지만 가능한 한 자신의 의지대로 행하는 능력과 권한을 의미한다면, liberty는 작위적인 제약이 없는 상태를 말하고, 관련된 모든 이들의 권리도 고려한다. 따라서 liberty는 사회의 법규를 벗어나지 않으며, 타인의 자유를 침해하지 않는 책임있는 자유를 말하고, freedom는 억압으로부터의 완전한 해방이나 자신의 욕구를 충족시키는 무한의 능력을 나타낸다. 예를 들면 살인할 자유(프리덤)를 가질 수 있지만, 동시에 살인할 자유(리버티)를 가질 수는 없다."

참된 자유는 사회의 법규를 벗어나지 않으면서 타인의 자유를 침해하지 않는 자유일 것이다. 참된 자유는 평등을 전제한다. 하지만 아쉽게도 우리가 언급하는 자유는 그렇지 못하다. 특히 정치권에서 말하는 자유는 반공에 가깝다. 정치권에서는 아직도 냉전 시대의 논리를 벗어나지 못하고 자유주의의 반대는 공산주의라고 생각하는 사람들이 많다. 그것은 국민들을 유혹하는 이데올로기일 뿐이다. 참된 자유는 위에서 언급한 liberty에 가깝다. 타인의 자유를 침해하지 않는 책임 있는 자유이다. 그래서 이사야 벌린은 '~에로의 자유'라는 적극적 자유보다는 '~부터의 자유'라는 소극적 자유를 강조했다. 적극적 자유는 자칫 전체주의로 변모될 가능성을 염두에 두었기 때문이다. 다행히 우리의 말에는 방종이라는 개념이 있지만, 방종이 곧 freedom이라고 하기에도 억지스러운 점이 없지 않다. 결국 freedom은 liberty에서 방종까지도 포함하는 가장 넓은 의미의 자유라고 말할 수 있을 것이다.

지젝이 인용한 위키백과에 따르면 훌리건이 휘두르는 폭력은 freedom은 될 수 있지만, liberty는 될 수 없다. 지젝은 한편 우리가 자유롭다고 생각하지만, 사실은 우리는 자유롭지 못하다고 언급하고 있다. 우리가 자유롭다고 생각하는 비자유가 진정 위험한 사회라는 것이다. 지젝은 라캉주의 정신분석학자답게 라캉의 이론을 자주 인용한다. 즉 나의 욕망은 타인의 욕망이라는 라캉의 생각이 그의 글 여러 곳에 녹아있다. 그 역시 많은 사회에 관심을 가진 철학자들과 유사하게 "인간의 삶을 기술적으로 통제하는 과학적 결정론은 이론에서 그치지 않고 점점 더 우리의 내밀한 자아 경험에 직접적으로 침투하는 사회적, 정치적 현실이 되고 있다"고 지적한다.

권력자들이 구조적으로 행사하는 폭력에 저항하기 위해서는 그들이 주입시키는 허상을 깨어 부셔야 한다. 그 허상을 깨부수기 위해서 어쩌면 우리는 항상 망치를 손에 쥐고 있어야 할지도 모른다. 항상 깨어 있어야 한다는 의미이다. 진정한 자유는 외부에서 주입했던, 나 스스로 상을 만들었던 간에 내 속에 존재하는 허상을 버리는 것에서 출발한다. '색즉시공 공즉시색'이라는 세상의 진리를 깨달으면, 세상의 허상조차 진여의 세상으로 여기면서 즐길 수 있지 않을까? 나는 그런 도를 깨우치지 못했다. 허상은 허상이라고 말한다. 그러면서 세상을 응원단의 한 편에 서서 경기를 관람하지 않고, 심판의 시선으로 경기를 즐긴다. 그것 역시 어느 한쪽에 구속되지 않는 해방의 자유가 아닐까?

4부

너와 내가 다르지 않다는 철저한 인식속에 고통에

빠진 이웃을 도외시하면 자신도 아프다

노년의 철학 함과 불교의 지혜

『법구경』은 서양의 언어로 가장 많이 번역된 불교 경전이라고 한다. 아마도 서양에서는 교양 필독서처럼 읽히는 모양이다. 나는 최근에 부처를 종교가 아닌 철학으로 이해하기 위해 불교와 관련된 여러 책을 읽는다. 법구경도 그중 하나다. 법구경에는 이런 대목이 있다, '인지무문 노고특우 단장기비 무유지혜(人之無聞 老苦特牛 但長肌肥 無有智慧)' 여기서 무문(無聞)을 '아무것도 듣지 못한다면'으로 해석하는 사람이 있는가 하면, '배움이 적은'으로 해석하는 사람도 있다. 석지원은 '배우기를 힘쓰지 않는'으로 해석했다. 그래서 그는 이 게송 전체를 조금은 시적으로 해석한다. "배우기를 힘쓰지 않은 채 세월 가는 대로 그저 나이만 먹어 간다면, 그는 늙은 소와 같다. 그의 몸은 늙어 주름살이 깊지만, 그의 지혜는 전혀 빛을 발하지 않는다." 이 구절을 읽으면서 나는 노년의 철학 함을 생각했다.

일본에서 활동하는 학자이신 한 분이 최근에 '철학하는 노년의 삶'이라는 글을 보내주었다. 그 글의 내용은 노인이 해야 할 일은 '철학하는' 것이라는 것이다. 그 글에는 철학을 우주와 대자연을 관통하는 불변의 질서나 진리에 대한 탐구이자 "인간은 어떻게 살아야 하는가?"에 대한 고찰이라고 정의를 내린다. 사실 노년일수록 생각할 수 있는 시간과 여유가 많다. 그렇기 때문에 노년의 시기가 철학 하기 딱 좋은 나이일지도 모른다. 하지만 우리에게는 그러한 문화가 형성되지 않았다. 과거에 묻혀 살아가면서 어깨에 힘만 잔뜩 들어서는 "나 때는 말이야!"만 반복한다. 지혜가 힘이 아니라 '나 때'라는 주름살의 힘일 뿐이다. 아무튼 늙은 소처럼 주름살만 깊어지는 노인의 삶은 미래의 발전에 걸림돌인 것은 분명한 것 같다.

최근에 나는 '벌거벗은 붓다'라는 우희종선생의 불교 강의를 듣는다. 어제도 들었다. 강의 장소가 남양주시 별내동에 위치한 '스튜디어 더 탐사'라는 곳이어서 집에서는 왕복 4시간의 시간이 필요했다. 시간은 소비했지만, 얻는 것은 많았다. 어제는 강의를 끝내고 우희종 선생과 여러 이야기를 나눴다. 그는 스스로를 도인이라고 말한다. 도를 깨우쳐서 도인이 아니고, 영종도에 살기 때문에 도인이라고 했다. 나도 도인이라고 말했다. 영종도만 섬이 아니고 도시의 아파트도 섬이기에 나도 도인이라고 말했다. 그와는 나이가 동년배이기에 서로 편하게 이야기를 주고받는다. 그의 강의는 새로웠다. 그의 강의에서는 불교철학과 관련된 책에서는 얻을 수 없는 불교에 관한 새로운 해석을 들을 수 있었다. 그는 불교철학이나 종교학을 전공하지는 않았지만, 불교에 대한 이해는 넓고 깊었다. 생명체의 고유성을 담당하는 면역학을 전공한 그의 불교 강의는 불교에 대한 새로운 시각을 갖게 해 주었다.

　　어제의 강의는 불교의 연기실상의 관계론을 복잡계적 관계와 양자역학 측면에서 해석한 강의였다. 철학을 전공한 나로서는 양자역학을 들어는 봤지만, 외계인의 용어에 불과했고, 복잡계적 관계는 난생처음 들어보는 개념이었다. 그 외에도 50여 년 전 고등학교 시절에나 들어 본 듯한 말들도 많이 했다. 프렉탈, 스칼라, 멱함수, 플라스마 등. 그의 강의는 옛 기억을 소환하였기에 흥미로웠고, 어려운 용어를 쉽게 설명하여 재미있었다. 상전이도 이야기했다. 된장과 두부와 고추를 함께 넣어 요리하면, 어느 순간을 지나면 된장찌개가 된다는 것이 상전이라고 이야기한다. 임계점을 넘으면 새로운 질서가 탄생한다는 말이었다. 그런데 거기서 한 발 더 나간다. 우리의 관계 속에서도 관계의 유지를 위해서는 임계점에 도달하기 전에 풀어야 한다고 설명한다. 임계점을 넘어서면 상전이가 생기기에 관계가 새로운 양상으로 변한다는 이야기이다. 역사의 발전도 상전이로 해석할 수 있을 것 같았다. 마음속으로는 "프랑스혁명이 상전이였을까? 그러면 나폴레옹의 등장은 상전이로 인한 창발적 현상일까?"라는 생각을 했다.

   강의가 끝나고 질문 시간이 있었다. 나는 혼자 독서를 하면서 궁금했던 것을 질문했다. "초기불교 경전인 『숫타니파타』에는 '무소의 뿔처럼 혼자가라!'는 표현이 있는데, 이는 출가수행을 강조하는 말이고, 인내하고, 집착을 버리라는 것으로 해석하고 있는 것으로 알고 있습니다. 그러면 출가수행은 임계점을 넘는 상전이, 즉 새로움을 추구하는 것으로 해석할 수 있나요?" 그는 아라한이 되려는 개인 수행이 중심이었던 초기 불교와 달리 대중과 함께하는 대승불교에서는 그렇게 해석할 수 있다고 설명하였다. 다수와 함께하면서 홀로인 것! 그것이 불교의 진면목일지도 모른다. 사실 무소의 뿔처럼 혼자 가라는 말의 의미는 "외부의 어떤 강제에 휘둘리지 않고 스스로의 깨달음으로 자유로움을 즐기라!"라는 의미로도 해석할 수 있다. 깨달음을 통한 자유가 곧 해탈일지도 모른다. 그래서 불교에서는 깨달은 이를 대자유인이라 부른다. 강의가 끝난 후 난 그에게 새로운 종파를 하나 만들어도 되겠다는 농담을 하였다. 불교의 현대적 해석! 충분히 가능한 일이다. 선생님의 성함이 마침 우희종이었다. 조계종이 아닌 우리들의 희망 종단, 우희종!

   저녁에 집에 놀러 온 사위에게 오늘 있었던 이야기를 하였다. 사위는 나노테크놀로지와 관련하여 공부한 박사이다. 사위에게 물었다. "복잡계적 관계에 대해 아는가?" "알지요! 왜 그러세요?" 사위에게 오늘

들었던 강의에 대해 설명해 주었다. 사위의 입가에 미소가 번지는 것을 직감했다. 그 역시 자연과학도였기에 우희종 선생이 언급한 자연과학적 개념에 대한 이해는 나보다 훨씬 깊게 이해했을 것이다. 그의 미소가 무엇을 의미하는지는 아직도 알 수 없다. 아마도 장인어른이 자연과학적 개념을 언급한 것에 대한 반가움이었지 않았을까? 아무튼 불교를 자연과학적 개념과 연결 지어 설명한 우희종 선생의 강의는 새로웠다. 우희종 선생과의 우연한 만남도 연기적 관계의 하나일지도 모른다. 그 작은 우연이 나에게 큰 새로움을 안겨 주었다. 배움에는 끝이 없다. 사실은 자유를 탐구하다가 노장을 거쳐 부처까지 왔다. 불교가 추구하는 최종 목표는 절대적인 자유에 있다고 생각한다. 노장의 무위자연과 불교의 해탈은 동전의 양면일지도 모른다.

벌거벗은 붓다

"유마힐은 요즘 말로 하면 강남좌파이다." 어제 우희종 선생의 불교 경전에 대한 강의 중에 나온 말이다. 초기 대승불교 경전 중의 하나인 『유마경』에 대한 강의는 나에게 새로운 관심을 가져다주었다. 『유마경』에 대해서는 불교와 관련된 책을 통해 얻은 조금의 지식은 있었지만, 『유마경』을 직접 읽어 본 적은 없었다. 어제의 강의 중 유마힐은 출가하지 않은 재가자로서 현실 속에서 깨달음을 실천했다는 대목이 나의 관심을 끌었다. 특히 절간에 앉아만 있는 것이 좌선이 아니라, 번뇌와 함께 열반에 들어가는 것이 좌선이라는 대목도 흥미로웠다. 유마힐은 불이(不二)라는 절대 평등의 사상을 강조했으며, 이러한 경지는 불가사의하고 언어로 표현할 수 없다고 했다. 사실 모든 종교가 유마힐이 이야기한 것과 같은 실천을 앞세웠다면, 이 세상은 벌써 불국토, 혹은 천국으로 바뀌었을 것이다.

　　강의 끝나고 유희종 선생에게 농담을 했다. "선생님이야말로 오늘날 살아있는 유마힐이십니다." 사실 그는 불교적인 깨우침을 바탕으로 왕성한 사회 실천을 하는 분이었다. 그는 지금의 한국 불교에 대해 많은 비난을 한다. 부처의 가르침은 모든 것이 관계로 이루어져 있음을 깨닫고 나를 버리라는 것인데, 오늘날의 절간 승려들은 금강경에서 말하는 네 가지 상에 더하여, 나를 믿어라(승상)하고, 부처의 법을 믿어라(법상)하고, 심지어 자기 밥상까지 챙긴다고 비판한다. 그러니 한때는 서울대학교에도 조계종 승려가 몰려와서 "우희종은 물러가라"라고 성토했다고 한다. 밥상의 비유는 지난해 사찰의 통행료 문제로 전국 승려들을 모이게 한 한국 불교 지도부의 타락상을 떠올리게 했다. 절뿐만이 아니다. 서초동 중심에 세워진 거대한 교회시설도 유사할 것이다. "신도들이여! 많은 헌금을 하여라! 이곳이 바로 천국이다." 밥상의 비유처럼 그의 강의는 쉽고 재미있었다. 선생님이 유마힐이라는 나의 농담에 그는 자신은 유마힐이라기보다는 소와 말의 우마힐이라고 한다.

　　『금강경』과 『화엄경』에 대한 언급도 있었다. 그는 『금강경』을 이야기하면서 특히 모든 것은 변화하니 어느 하나에 집착하지 말고, 이웃을 네 몸과 같이 사랑하라는 것을 강조하였다. 두 시간의 짧은 강의에 『금강경』, 『화엄경』, 『유마경』을 세부적으로 언급하지는 않았다. 하지만 나에게는 그 짧은 시간에 들었던 것을 바탕으로 예전에 읽었던 불교에 관한 서적들을 다시 들춰볼 수 있게 해 주었다. 『금강경』은 전기 대승불교의 경전으로써 모든 법이 공이라는 진리를 깨닫는 것이 반야의 지혜이고, 이러한 지혜에 입각하여 대중 속에서의 실천을 강조하였다. 이것은 소승불교 설일체유부에서 법을 실체시하는 경향을 정면으로 부정하는 대승불교의 대표적인 경전이라고 말할 수 있다. 공사상에 따른 보살의 행위와 수행을 『금강경』은 응무소주 이생기심(應無所住 而生其心)이라고 표현한다. 어디에 머무름이 없이 마음을 내는 것이라고 해석할 수 있다. '응무소주'의 상태야말로 서구에서 말하는 외부의 강제가 없는 상태라는 의미에서의 소극적 자유와 매우 유사하다. 『금강경』은 제법이 공이고 모든 차별이 허망한 것임을 깨달으면, 붓다와 중생, 세간과 출세간, 열반과 생사의 차별도 모두 사라져 버린다는 것을 강조하고 있다. 공을 평등으로 이해한다면, 그것 역시 자유와 매우 유사하다. 자유는 평등을 전제하기 때문이다.

『화엄경』은 사사무애법계관(事事無礙法界觀)을 통해 일체의 존재가 타 존재와 관계 속에서 존재하며, 구별하지 않는 지혜야말로 모든 번뇌가 사라지는 적멸의 세계로 가는 지름길임을 가르치고 있다. 우희종 선생은 특히 보현행원품중 9품과 10품을 강조했다. 9품은 중생의 뜻에 맞추어 거스름없이 따르는 것이며, 10품은 자신의 깨달음의 결과를 타인에게 돌리는 실천행이다. 이러한 부분에 대한 강조는 우희종 선생이 자주 언급하는 "속는 줄 알면서 속아주면서 중생과 함께한다"라는 말과도 서로 상통되며, 그의 강의 타이틀을 '벌거벗은 붓다'로 정했던 이유도 그곳에 있다고 말할 수 있다. 사람들이 부처에 덧씌운 수많은 의미 부여와 관념을 떠나 부처가 벌거벗고 중생과 함께한다는 의미이다. 그는 연기실상과 자타불이, 입전수수를 강조한다. 이러한 대목은 상호인정을 강조하면서 타자와의 관계를 소중히 생각하는 사회성에 바탕을 둔 악셀 호네트의 사회적 자유주의와도 일맥상통한다.

강의가 끝나고 예전과 같이 우희종 선생과 함께 대화를 나누었다. 나는 들뢰즈의 '차이의 반복'과 불교의 '연기실상'의 유사함을 이야기했고, 불교의 관계 중심적인 사고의 강조야말로 오늘날 우리 현실을 극복할 수 있는 지름길임을 이야기했다. 그리고 엉뚱한 질문도 했다. "연기는 알겠다. 그런데 왜 하필 고통 속에 빠진 중생에게 자비를 베풀어야 하는가? 니체처럼 그냥 삶을 긍정하지 않고!" 사실 모든 종교는 현실에 대한 부정에서 비롯되었다. 기독교는 우리를 죄인이라고 윽박지르고, 불교는 우리가 고통 속에 허덕인다고 한다. 우희종 선생은 "너와 내가 다르지 않다는 철저한 인식 속에서 고통에 빠진 이웃을 도외시하면 자신도 아프다. 그것이 연기실상에 대한 진정한 깨달음이다"라고 한다.

우희종 선생의 강의는 큰 메아리가 되었다. 그래서 저녁에는 "하루하루가 지겹고 외롭다"라고 말하는 친구의 집을 방문했다. 자비의 실천을 위해서 방문한 것은 아니다. 그냥 그와 이야기를 나누고 싶어서였다. 아침에 일어나니 밤새워 마신 술 때문에 친구와 무슨 이야기를 나눴는지 기억이 나지 않는다. 다만 친구의 아픔에 동참했다는 사실만 남았다.

부처는 왜 벌거벗었는가?

      우희종 선생의 강의 「벌거벗은 붓다」가 어제 종강했다. 나는 20회의 대면 강의에 직접 참여하여 강의를 경청하면서 많은 질문을 하였고, 그의 친절한 답변을 들을 수 있었다. 그의 강의를 40여 시간을 듣고 나서 나는 왜 선생은 부처를 벌거벗겼는지를 이해하게 되었다. 우희종 선생의 강의를 계기로 불교 관련 서적을 읽고 요약한 글만 해도 A4용지 100여 페이지에 달한다. 불교 경전도 몇 권 읽었지만, 불교는 공부하면 할수록 어려운 것 같다. 길희성은 『인도철학사』에서 사성제, 팔정도, 오온, 십이지연기, 사념처같은 교설은 붓다 자신의 가르침으로 간주해도 크게 틀리지 않을 것이라고 보았다. 우희종 선생의 20회에 걸친 강의에도 그 내용은 모두 들어있었다. 우희종 선생은 특히 화엄과 입전수수를 강조하였다.

어제의 강의는 "불교가 아니라 붓다로 존재하라"는 제이콥슨의 말로 시작하였다. 종교로써 신성화시킨 붓다는 허상이자 미망이다. 그 말에 전적으로 공감하였다. 나는 붓다 역시 노자나 장자와 마찬가지로 역사적인 한 인물로 본다. 노자에게 종교의 옷을 입혔다면, 그 역시 지금의 노자가 아닌 수많은 상징물로 치장된 노자로 변신되었을 것이다. 도덕경에는 믿음을 강조하는 대목이 없다. 그래서 도덕경은 종교로 둔갑하지 않았을 것이다. 우희종 선생은 부처의 원래 모습을 보아야 한다고 강조했다. 그래서 그는 부처를 벌거벗겼다. 벌거벗은 부처에게 남는 것은 자비였다. 예수도 벌거벗기면 사랑만 남을 것이다. 그런 측면에서는 모든 종교가 벌거벗고 서로 진정한 대화를 나눌 필요가 있을 것 같다. 예수와 마호멧과 붓다와 노자가 벌거벗고 목욕탕에서 고스톱 치는 모습을 상상해 보자. 이웃 사랑, 자비, 유무상생! 서로 비슷한 패를 들고 있지 않을까? 어쩌면 모든 대립과 갈등을 극복하고 조화와 융합의 세계를 지향하는 화엄의 원융사상을 볼 수 있을지도 모른다. 우희종 선생은 양다리 파이다. 기독교와 불교를 넘나든다. 하지만 불교 강의에서는 불교가 신화적 종교로부터 진리와 생명의 종교로 다시 태어나야 한다고 강조한다.

우희종 선생은 하버드 의과대학에서 면역학을 연구한 자연과학도답게 연기론을 자연과학적 이론들과 접목시키면서 설명을 하였다. 강의 중에 칼 융의 만다라는 자기 유사성을 특징으로 하는 프랙탈 구조와 유사하다고 설명하였다. 20회의 강의 중에서도 프랙탈 구조뿐만 아니라, 나비효과로도 알려져 있는 카오스이론, 생명현상에서의 복잡계이론, 양자역학의 이론 등을 예로 들면서 불교의 연기론을 설명하였다. 물론 나는 그 이론들 하나하나를 세부적으로 이해할 수는 없었지만, 저런 설명도 가능하다는 생각은 들었다. 칼 융의 만다라를 설명하면서 우희종 선생은 생명의 역사 속에서의 개체적 삶의 자기 반복이라는 설명을 덧붙였다. 칼 융은 만다라를 집단 무의식이 반영된 문화적 상징으로 보았다. "현대의 특수한 의식과 먼 옛날부터 전해 내려온 인간성이 서로 융합될 수 있게 된다면, 이제껏 망각되어 있던 마음속 깊은 곳에 있는 내용물이 다시금 모습을 드러낼 것이다."

수처작주 입처개진(隨處作主 立處皆眞)! 네가 서 있는 장소에서 주인이 된다면, 그곳이 바로 진리의 장소이다. 이 대목을 설명하면서 우희종 선생은 임제록과 육조단경에 나오는 몇 구절을 인용하였다. "도를 닦아야 한다"라는 여우 도깨비들이 하는 말을 믿는 것은 봄날의 가랑비와 같을 것이라는 이야기와 불법이 세간에 있는데 세상을 떠나 보리를 찾는 것은 마치 토끼 뿔을 찾는 거와 같다는 이야기, 그리고 천상천하유아독존이라고 말하는 붓다가 지금 내 옆에 있다면 몽둥이로 때려잡아 개밥으로 던져주겠다는 운문 선사의 이야기를 언급했다. 이 모든 이야기는 부처를 신으로 만들지 말라는 가르침이었다. 그는 지금 여기에 충실한 삶을 소중히 생각하면서, 동시에 평범한 사람들의 삶의 애환을 모두 담고 있는 시장터에서 이웃과 함께하며 자비를 실천하는 입전수수를 강조하였다.

1회 두 시간씩 20회의 강의를 들으면서 기억에 남은 것은 세상은 관계로 이루어져 있으며, 그 관계는 죽은 사물과의 관계가 아니라 모두 생명과의 관계로 이루어져 있다는 것이었다. 이것이 곧 화엄의 세계라고 이해했다. 어제 강의의 대미를 장식하는 비유가 멋있었다. 진리라는 생명의 빛은 태양의 빛이고, 그 빛은 자기 집만 비추는 전등불이 아니라고 하였다. 즉, 특정 종교 안에서만 진리인 것은 진리가 아니며, 내 안의 빛이 밖으로 열려 있어서 모든 것을 비추게 해야 한다는 말이었다. 그 빛은 자비의 실천으로 나타난다. 불교를 비롯한 모든 종교가 신성의 옷을 벗겨버려야 한다. 그렇게 벌거벗은 붓다야말로 바로 대중 속에서 자비의 실천으로 우리 곁에 있을 수 있지 않을까를 생각해 보았다. 그것이 결국 개인주의에 머무는 자유가 아니라, 이웃과 함께하는 사회성을 강조하는 사회적 자유이기도 했다. 다만, 그렇게 열린 사회적 자유와 깨달은 자로서 대자유를 누리는 개인의 자유는 삶의 현장에서 어떻게 어우러질 수 있을까? 실천의 중요성을 또다시 생각해 보게 된다.

기계적 세계관에서 생태적 세계관으로의 전환
― 생명 존중

    물리학자, 심층생태주의자, 신과학운동의 선구자인 프리초프 카프라의 『현대물리학과 동양사상』을 우연히 읽게 되었다. 그는 기계적인 세계관에서 벗어나서 생태적 세계관으로 세상을 바라보라고 주장한다. 기계적인 세계관은 자연을 지배하고 통제하려는 태도를 말하며, 생태적 세계관은 부분은 분리될 수 없는 관계의 그물 속에 나타난 한 형태에 불과하다고 보는 태도이다. 그는 현대물리학의 두 축인 상대성이론과 양자물리학이 기계적 세계관을 허물어뜨렸으며, 전체를 부분으로 쪼개어 보는 환원론적 세계관을 탈피해서 전체와의 관계망 속에서의 부분을 보아야 한다고 강조했다. 그것은 힌두교, 도교, 불교의 사상과도 유사하다. 그는 오늘날의 지구적 위기를 극복하기 위해서는 문화적 혁명이라는 변화가 필요하다고 보았다. 그래서 그의 책 마지막을 다음과 같은 말로 마무리한다. "우리 전체 문명의 생존이 우리가 그러한 변화를 성취할 수 있느냐 없느냐에 달려 있는지도 모른다." 그의 두 번째 책 『새로운 과학과 문명의 전환』에서도 "우리는 심각한 세계적 위기 상황에 있을을 발견한다"고 말문을 연다.

위에서 언급한 카프라의 두 책은 80년대 전후에 발표되었다. 그런데 그로부터 50년이 지난 오늘날에도 여전히 전 지구적 황폐화는 지속되고 있다. 카프라가 그렇게 강조했던 패러다임의 변화가 일어나지 않고 있다. 아직도 기계적 세계관을 바탕으로 개발이라는 명분 아래 자연은 착취의 대상이고, 자본의 자기 증식이라는 폭주 기관차는 멈출지를 모른다. 카프라의 말을 그대로 옮겨보겠다. "나는 핵파괴의 위협과 자연환경의 황폐화에 직면해 있는 인류가 생존할 수 있는 길은 우리의 과학과 기술의 바탕을 이루는 방법들과 가치들을 근본적으로 변화시킬 수 있을 때에만 가능할 것이라고 믿는다. 나는 인간을 포함하고 있는 자연을 지배하고 통제하려는 태도로부터 협조와 비폭력의 태도로 전환할 것을 주장하는 바이다." 후쿠시마 핵 오염수 바다 방류에 대한 그의 입장은 무엇일까? 생태적 세계관의 입장이라면, 자연은 쓰레기통이 아니다.

왜 이렇게 카프라를 장황하게 언급하는가? 오늘 '생명, 과학, 선'이라는 주제를 가지고 '더 탐사 시민학당'에서 강의를 한 우희종 선생의 이야기가 카프라와 너무 닮았기 때문이다. 면역학을 전공한 자연과학도이면서 간화선 수행을 체험한 우희종 선생의 강의 내용은 카프라의 이론과 매우 닮았다. 오히려 실천적인 면에서는 카프라를 능가할지도 모른다. 물론 카프라가 자신의 지식을 어느 정도 실천에 옮겼는지는 내가 알 수 없는 부분이어서 조심스럽기는 하다. 아무튼 내가 아는 우희종 선생은 자신의 앎을 실천에 옮기는 분이다. 오늘 강의의 핵심은 전 세계적인 현상인 지구적인 위험 사회에서 벗어나기 위해서는 생명 존중의 사회로 이행되어야 함을 강조하였다.

오늘의 강의는 "나는 누구인가?"라는 물음으로 시작되었다. 사실 내가 누구인가에 대한 답을 내리는 것이 쉽지만은 않다. 하지만 그는 불교적 해석으로 그 질문에 대한 답을 내린다. 불교에서 말하는 인간은 감각기관인 6근, 즉 안이비설신의(眼耳鼻舌身意)로 이루어졌다. 여기서 의(意)는 의식을 의미하는데, 불교에서는 의식도 안이비설신이라는 5근에서 만들어졌다고 한다. 거기서 한 걸음 더 나아가 그는 칼 융의 심리학을 도입하여 유식불교의 의식을 설명하였다. 즉, 융의 개인적 무의식이 말라식이고, 원형적 무의식이 아뢰야식이 되는 것이다. 이러한 비유는 원형적 무의식에 대한 깨달음을 통해서 나를 알아야 함을 의미하는 것이다. 이를 다른 말로 표현하면, 나는 내 안에 담긴 140억 년의 원형적 체험과 이 흐름에 대한 깨달음을 통해서 본래적 나를 찾아야 한다는 것이다. 여기서 말하는 원형적 체험은 곧 연기실상에 대한 깨달음이다.

연기실상에 대한 깨달음은 생명체로서 개체고유성을 가진 내가 관계의 중층적인 누적을 깨닫는 것이다. 여기서 말하는 관계의 중층적인 누적이 곧 카프라가 말하는 전체 속에서 분리될 수 없는 부분과 유사하다. "생태학적 인식은 모든 현상들이 근본적으로 상호 의존하고 있으며 개인과 사회가 자연의 순환 과정에 깊이 관련되어 있음을 깨닫게 해준다." 이를 우희종 선생은 다음과 같이 말한다. 생명현상을 나타내는 물체로서의 생명체는 개체고유성을 가지고 있고, 생태계는 각 생명체의 다양한 어우러짐을 담고 있는 화엄의 세계이다. 그래서 생명현상의 특징은 개체고유성과 다양성이라는 부분과 전체의 조화이며, 생명력이 충만한 삶이란 개인의 삶의 의미와 상호 존중을 기반으로 해야 한다는 것이다. 그래서 우희종 선생은 생명감수성을 강조한다.

불교의 교리는 아상을 버리고 본래의 생명으로 돌아가라는 가르침이기도 하다. 그래서 그는 강을 건너고 나면 배를 버리듯이 지식 속에 갇혀 있는 삶이 아니라, 지식을 뛰어넘어 이성과 감성의 조화, 초월성의 회복, 그리고 생명 감수성의 증대를 위한 실천적인 종교로서의 불교를 강조한다. 오늘 언급한 화엄경의 4구게는 의미심장했다. 심여공화사(心如工畵師) 능화제세간(能畵諸世間) 오온실종생(五蘊悉從生) 무법이부조(無法而不造)! 오늘 강조한 부분은 '심여공화사'였다. 마음은 허공에 그림을 그리는 화가와 같다는 의미이다. 이는 과학 역시 논리나 수학이라는 도구를 이용해서 세상을 그리는 것에 불과하다는 것이다. 그 그림이 세상의 모든 것을 담고 있다는 것이 아니라는 의미이기도 하다. 이는 코펜하겐 해석과도 일맥상통한다. 여기서는 코펜하겐 해석을 관찰 대상과 관찰자를 구분해야 한다는 수준으로 이해하고 넘어가고자 한다. 중요한 것은 기계적인 세계관, 전체를 부분으로 쪼개서 설명하려는 환원론적 세계관에서 탈피하여 관계성을 존중하는 생명존중의 생태적 세계관으로의 전환만이 이 세계를 위험에서 구할 수 있음을 다시 한번 생각하게 하는 하루였다. 개인을 넘어선 사회성에 바탕을 둔 자유가 필요한 이유이기도 하다. 이제 6살인 내 손자가 먼 훗날 가이아의 복수를 경험하지 않기를 바라는 마음에서 이 글을 쓴다.

부처님 오신 날에 유마경을 읽다

　　부처가 이 세상에 온 날은 대략 기원전 5세기경이었다. 정확한 출생 년도는 학자마다 다르다. 그런데 29세에 출가하여 6년 동안 고행하였고, 35세에 보리수나무 아래서 깨달음을 얻었다는 것은 모두 공통적인 것 같다. 그 후 80세에 열반에 들어가기까지 45년간 자신의 깨달음을 전파했다는 것에도 이견이 없다. 그의 가르침은 그가 태어난 인도의 시대 상황을 고려하면, 혁명적인 사상이었다. 베다의 전통적인 권위주의와 인도의 계급제도에 반대하면서 모든 중생들이 평등하다고 하는 그의 가르침은 자이나교의 마하비라와 더불어 자유사상가였다고 말 할 수 있다. 물론 자이나교와 불교는 유사한 시기에 등장했기에 공통점도 많지만, 분명한 차이점도 있다. 여기서 그 모든 공통점과 차이점을 언급할 수는 없고, 다만 부처님의 가르침 중에 최근에 읽은 유마경을 이야기하고자 한다.

　『유마경』은 강남좌파에 해당하는 유마힐의 설교가 무엇인지 궁금하여서 읽어보게 되었다. '색즉시공 공즉시색'이라는 구절이 나오는 『반야심경』도 읽어보았지만, 초기대승불교 경전이라고 할 수 있는 『유마경』은 나에게 낯선 경전이었다. 그래도 부처님 오신 날에 불교경전을 읽는 것이 의미있는 일이라 생각하고 하루 만에 모두 읽었다. 『유마경』에는 대승불교의 교리가 잘 설명되어 있었다. 『유마경』의 주인공인 유마힐은 세속적인 삶을 살면서 대중을 구원하고자 했다. 윤회의 흐름이 있는 곳에서 중생을 위하고, 열반을 깨닫지만 완전한 열반에 들어가지 않는 경지가 보살의 경지라고 한다. 부처님 오신 날에 대승불교의 핵심 교리인 입전수수를 실천에 옮기지 못하는 우리 불교의 높은 자리에 있는 스님들은 유마경을 읽으면 어떤 생각을 할지 궁금해졌다. 그들은 어쩌면 유마힐의 병문안을 가라는 부처의 말에 병문안 가기를 주저하는 여러 보살들과 같은 부끄러움을 느낄지도 모른다. 여러 보살들은 이미 유마힐과의 만남에서 자신의 깨달음에 한계를 느끼고 있었기에, 유마힐의 만남을 주저하고 있었다. "저는 아무 말도 못했습니다. 그런 까닭에 그 고귀한 인물의 문병은 갈 수 없습니다."

　그러는 중에 부처의 말에 따라 문수보살이 유마힐의 병문안을 가서 유마힐과 나눈 대화가 『유마경』의 대부분의 내용이다. 『유마경』

은 대승불교의 가르침을 잘 요약하고 있다. 문수보살의 병은 왜 생겼느냐는 물음에 유마힐은 "모든 중생이 병을 앓고 있는 한, 내 몸도 병이 계속된다"고 한다. 그리고 윤회 속에서 태어나더라도 보살은 해탈했기에 속박되지 않는다는 말이 대승불교 가르침을 잘 요약한다고 볼 수 있다. "문수사리여! 몸과 마음과 병은 모두 무상이고 공이며, 무아라고 이해한다. 끊임없는 윤회의 흐름 속에 있으면서 중생의 이익을 위해 종사하는 것이 자신의 방편이다." 그것이 보살의 경지라고 한다. 작위가 없으면서도 선한 마음이 계속 생기는 경지, 선과 악의 차별을 보지 않는 경지 등 수많은 경지가 보살의 경지라고 이야기한다. "이렇게 말했을 때, 문수사리 법왕자와 함께 온 대중들 가운데 8천의 천자가 아뇩다라삼막삼보리심을 발했다." 이후의 경전에서도 이와 같은 말이 반복된다. 유마힐의 이야기에 수많은 사람들이 깨달았다는 말이다.

　　"보살은 한 마리 용 또는 코끼리가 땅을 걷어차며 습격해 올 때 당나귀가 감히 대적할 수 없는 것처럼, 힘차고 불가사의한 존재이니 이를 일컬어 불가사의 해탈보살 지혜방편의 문이다."『유마경』은 곳곳에 문학적인 비유도 많이 등장한다. 무협지와 같은 허무맹랑한 말도 있지만, 도를 깨우친 사람이 신통력을 발휘한 것으로 읽었다. 그 중 천녀와 꽃의 기적이 재미있었다. 천녀가 하늘의 꽃을 보살과 불자들에게 뿌렸으나 보살의 몸에 붙은 꽃은 땅에 떨어졌지만, 불자들의 몸에 붙은 꽃은 몸에 붙어서 떨어지지 않았다. 불자들이 꽃을 떨어뜨리려 하니 천녀가 이야기한다. "번외의 망상을 아직 끊어 버리지 못한 사람에게는 꽃이 부착하지만, 그것을 끊어 버린 사람의 몸에는 부착하지 않습니다." 그러므로 꽃은 떨어지지 않는다고 한다.

그 외에 수많은 이야기들이 있으나 불이에 대한 문수보살과 유마힐의 대화도 인상적이었다. 유마힐이 여러 보살들에 불이에 들어가는 법문에 대해 이야기해 보라고 하였다. 그러자 많은 보살들이 자신의 견해를 밝힌다. 분별하지 않는 것, 모든 상은 평등하다고 깨닫는 것, 금강과 같은 앎을 가지고도 속박도 없고 해탈도 없다는 것을 깨닫는 것, 모든 존재는 허공과 같다는 것을 이해하는 것 등의 이야기했다. 그러자 마지막으로 유마힐이 문수보살에게 묻는다. "문수사리여! 보살이 불이에 들어간다는 것은 어떤 것입니까?" "일체법에 대하여 말 없이 설하지 않고 제시하는 바도 없고, 무언가 식별하지 않으며, 또 갖가지 문답도 않고 가만히 있는 것이 불이에 들어가는 것입니다." 그러면서 문수사리는 유마힐에게 당신의 생각은 어떠냐고 물었다. 유마힐은 입을 다물고 아무 말도 하지 않았다. 유마힐은 묻기만 하고 자신은 아무런 말도 하지 않는다. 말로써 대답할 수 없는 질문을 한 것이다.

큰 바다의 깊이 보다 부처 지혜의 깊이가 더 깊은지도 모른다. 부처의 불이의 가르침은 어느 한 곳에 집착하지 않는 유연한 자세라고 이해할 수 있을 것이다. 한적한 곳을 좋아할 수 있지만 그것에 집착하지 않는 자세는 노자나 장자의 유무상생의 가르침과 유사하다. 어느 한 곳에 집착하지 않는 자세야말로 『유마경』을 읽고 난 후의 느낌이라고 말할 수 있다. 『유마경』에는 유위를 없애지 않으면서 무위에 고착하지 않는 자세가 유진, 무진의 해탈이라고 한다. 태양이 어둠 속에 떠오르는 것은 어둠을 없애기 위해서이다. 부처님 오신 다음 날 하루 종일 비가 내린다. 그래도 구름 속에 갇혀 태양이 보이지 않지만, 무엇인가를 하고 있다. 더 깊은 어둠을 몰아낸다. 잠시 태양을 볼 수는 없지만, 내일 또다시 태양을 볼 수는 있을 것이다. 보살도 중생을 구제하기 위해 청정하지 않은 이곳에서 태어난다. 보살은 번뇌의 어둠을 제거하는 태양이다. 우리 주변에도 보살은 여럿이 있을 것이다. 내가 아는 한 우희종도 보살이다! 다만 그는 태양은 어둠을 빛나게 하지만, 빛과 어둠을 분별하지 않고 상생하는 것이라 말하는 보살이다. 태양에도, 어둠에도 집착하지 않는 보살이다.

생명과 연기, 그 속에서의 자유

"이기적 유전자는 철 지난 이론이다." 어제부터 저 이야기가 내 머릿속에서 떠나지 않는다. 저 말은 우희종 선생의 「과학 문명과 불교적 지혜」라는 강의에서 나왔다. 어제 강의 주제는 자연과학에서의 생명과 불교에서의 생명이었다. 우희종 선생은 면역학을 전공한 학자답게 자연과학에 대한 깊은 이해를 바탕으로 과학과 불교가 어떻게 만날 수 있는가를 풀어낸다. 그는 자연과학에서 다루는 생명을 설명하면서 다윈의 진화론에서부터 분자생물학, 진화생물학, 진화발생생물학, 후성유전학, 린 마굴리스의 세포내 공생이론까지 언급하였다. 그중에 이기적 유전자에 대한 이야기도 있었다. 강의의 요점은 유전자는 환경과 상호 연관관계가 있으며, 이웃 간의 공생도 유전자의 창발적 도약과 관계가 있다는 것이다.

도킨스의 『이기적 유전자』는 생물 진화의 주체는 유전자이며, 생물들은 모두 유전자의 자가복제 속에서 만들어진 기계적 존재라는 것이다. 유전자가 자기 번식을 위하여 유기체를 사용할 뿐이라는 것이다. 그래서 이기적이라는 표현을 사용했을 것이다. 『이기적 유전자』의 저자 도킨스는 '이기적'이라는 용어에 문제가 있음을 알고 있었다. 그래서 다음에 책을 출판한다면, 책 제목을 〈불멸의 유전자〉라고 했을 것이라고 한다. 그래서 그는 책 마지막 대목을 이렇게 장식하고 있다. "우주의 어느 장소든 생명이 나타나기 위해 존재해야만 하는 유일한 실체는 불멸의 자기 복제자뿐이다." 우희종 선생이 이기적 유전자의 이론은 한물 간 이론이라고 하더라도, 책을 좋아하는 친book좌파인 내가 그 책을 마다할 수는 없었다. 그래서 그 책은 구입해서 독파를 했다. 그의 강의는 내 사고의 폭을 넓혀주었다.

우희종 선생이 언급한 생물학 이론 중 기억에 남는 것들이 있었다. 후성유전학과 사회생물학, 그리고 세포내 공생설이다. 후성유전학은 환경적 변화로 인해 유전자가 발현되며. 그것이 다음 세대로 이어진다는 것이다. 유전자와 환경이 영향을 미치는 비율은 특정 조건하에서 2:8이라는 미국학술원 학회지 연구 결과가 있다고도 한다. 환경이 유전자에 영향을 미친다는 의미일 것이다. 그는 또 에드워드 월슨의 사회생물학을 설명하면서 통섭(統攝)에 관한 이야기도 언급했다. 원래 사회생물학의 통섭이라는 개념은 통제해서 관리하고자 한다는 의미이다. 하지만 국내의 여러 학자가 그 말을 달리 해석해서 사용하고 있다. 즉, 지식의 통합, 혹은 융합을 통하여 서로 함께 소통하는 통섭(通涉)으로 해석한다. 마굴리스의 이론도 언급했다. 마굴리스의 세포 내 공생설은 서로 다른 성질의 원핵생물들이 생존을 위해 공존을 모색하다가 진핵생물로 진화하게 되었다는 가설이다.

철학을 전공한 나에게는 모두 낯선 이론이었지만, 재미는 있었다. 마이크로 RNA 등 다양한 그림을 보여주었으나, 나에게는 단지 이해하기 어려운 기호의 나열에 불과했다. 하지만 그러한 이론이 있다는 것을 어렴풋이 아는 것은 사고의 폭을 넓히는 데에 도움이 되었다. 기억에 남는 것은 유전자가 인간을 포함한 모든 생명체 형성에 중요한 역할을 한다는 것이었다. 그리고 유전자는 주변의 환경과 이웃 간의 공생이라는 관계 속에서 창발적으로 도약한다는 내용은 귀담아들을 만했다. 우희종 선생은 창발적 도약을 강조했다. 창발적 도약은 선형적인 기계론적 사고에서 벗어나서 복잡계로 이루어진 세상에 대한 이해와 함께, 모든 것이 연기로 이루어졌다는 불교적 가르침과도 유사했다. 불교의 연기사상은 현대의 과학적 통찰과도 맞닿아 있다고 말해도 무방할 것이다.

사실 세상은 다양한 생명체들이 그물코처럼 열린 관계망 속에 어우러져 있다. 우희종 선생은 연기실상에 근거해서 각 생명체들은 그물코가 아니라 그물눈임을 강조하기도 한다. 불교에서 말하는 생명은 그러한 관계 속에, 즉 연기실상 속에 있는 생명이다. 그것의 깨달음이 불교의 지혜이며, 바로 화엄의 세계이기도 하다. 우희종 선생은 그러한 불교의 지혜뿐만 아니라, 특히 삶 속에서 실천을 강조하는 생활불교를 강조했다. 인간의 끊임없는 욕망을 억제하는 것이 아니라 욕망을 있는 그대로 긍정하면서 열린 자세로 욕망을 다루어야 하며, 현실에 감사하는 마음이 결국 욕망에서 벗어나는 지름길이라고 보았다. 또한 인간과 동물의 차이를 성찰하는 능력이라고 보았다. 생각에 관한 생각, 메타인지가 인간을 인간답게 만든다는 것이다. 우희종 선생의 농담이 기억에 남는다. 우리는 가끔 개 같은 인간이라는 욕을 한다. 그러나 한번 생각해 볼 문제이다. 개는 인간과 같이 남을 기만하거나 사기 치지는 않는다. 그런 인간에게 개 같은 인간이라면, 개를 모독하는 일일 것이다. 인간은 이처럼 자기를 반성한다. 개도 인간처럼 자기반성을 할까?

어제의 강의에서 느낀 점이다. 유전자가 인간을 포함한 모든 생명체를 결정을 한다고 해서 그것을 기계적으로 받아들여서는 안 될 것 같다. 우주 속에는 우리가 알 수 없는 무수한 물질들이 가득하다. 그 속에서 한 줌 티끌에 불과할지도 모를 인간이 그러한 관계 속에 놓여져 있다는 것을 깨닫는 것이 바로 불교적 지혜이다. 다양한 관계 속에 놓여 있는 모든 생명은 생명 그 자체로 존중되어야 한다. 동물만 생명이 아니다. 식물 역시 생명이다. 식물도 살아남기 위해 경쟁한다. 그것이 이기적 유전자이든 혹은 경쟁이든, 환경에 대한 적응이든 상관없다. 언어로서 자연의 현상을 설명하기에는 한계가 있다. 다만, 나를 포함한 모든 존재를 존재 양식으로 바라보는 지혜가 불교의 가르침이다. 존재 양식을 이야기한 에리히 프롬 역시 선불교에 관심이 많았다고 하니, 에리히 프롬의 사상도 불교와 깊은 연관이 있다고 보아야 할 것이다.

동식물을 포함한 모든 생명은 존중되어야 한다. 그렇다고 내가 아무것도 먹지 않을 수는 없는 노릇이다. 자연과 함께 생활한 인디언의 풍습이 생각난다. 인디언들은 피치 못해 생명을 앗으면 그 생명의 영혼에 감사의 마음을 전했다고 한다. "범사에 감사하라!"는 성경의 말씀 속에도 생명 존중 사상이 숨어있다고 본다. 소유가 아니라 존재를 강조한 에리히 프롬이나, 개인주의적 자유가 아니라 타인과의 관계를 소중히 생각하는 사회성에 바탕을 둔 자유나 모두 불교와의 연결고리를 찾을 수 있을 것이다. 진정한 자유란 타인과의 관계 안에서, 모든 생명이 연기된 하나의 장으로 존재함을 자각할 때 비로소 가능한 것이 아닐까?

생명과학과 불교적 의미

    세상은 우연한 인연 속에서 많은 변화가 발생한다. 우연히 듣게 된 우희종 선생의 '벌거벗은 붓다'라는 시민강좌 수강을 통해 나의 세계관에 다소의 변화가 생겼기에 하는 말이다. 나는 그의 강의를 통해서 인간 중심적인 세계관에서의 탈피와 이 세상을 관계 중심적인 사회로 보기 시작했다. 물론 그전에도 데카르트적 사고에 대한 거부감은 있었으나, 불교적 세계관에 대한 우희종 선생의 강의를 통해서 관계 중심적인 세계관에 대한 확신이 더욱 커졌다. 나의 독서 방향에도 약간의 변화가 생겼다. 사회생물학, 후성유전학을 비롯하여 자연과학에 대한 관심이 높아졌다. 철학의 세계에만 머물지 말고, 철학적 시선을 가지고 자연과학에도 눈을 돌려야 함을 느꼈다. 자연과학의 세계는 나의 예상을 뛰어넘는 엄청난 속도로 발전을 거듭하고 있었다. 철학이 그들의 발전에 보조를 맞추지 않는다면, 철학은 자기 집의 어둠만 밝히는 촛불에 불과할 것이다.

오늘 수업에서도 새로운 지식을 전해 듣게 되었다. 오늘은 첨단 생명과학의 흐름을 언급하였는데, Metagenomics를 간단히 설명하였다. 과거에는 분석적 환원론의 시선에서 의학을 보았다면, 현대에는 관계적 통합의 시선에서 의학을 바라본다는 것이다. Metagenomics는 미생물들을 관계 덩어리로 보고, 그 관계 속에서 각 생물정보와 이들 간의 상호관계를 종합적으로 연구한다는 것이다. 우희종 선생의 말을 듣는 순간 나는 심리학에서 말하는 DSM5 진단체계가 떠올랐다. DSM5는 이상심리를 진단하는 미국식 진단체계인데 유럽에서는 이러한 진단체계를 선호하지 않는다. DSM5는 이상심리를 세부적으로 구분한다. 즉, 분석적 환원론의 방법이다. 분석적 환원론은 극복되어야 할지도 모른다. 나는 우희종 선생의 강의를 통해서 심리학의 어떤 이상심리의 증세도 전체 속에서 상호 연관 관계가 있음을 염두에 두는 열린 자세로 이해해야 함을 생각하게 되었다.

오늘 강의에서 더욱 놀라운 것은 합성생물학을 언급하면서이다. 합성생물학으로 삶의 기원을 밝힐 수는 있는 장점도 있지만, 생명을 창조하기도 한다는 것이다. 그것은 생물학 무기의 창조에도 연결 지을 수 있다고 한다. 합성생물학은 다섯 부분으로 구분할 수 있는데, 그 모든 것을 세부적으로 이해할 수는 없었다. 다만, 자연과학이 엄청난 속도로 발전하고 있다는 것은 어렴풋이 느낄 수 있었다. 유전자 가위도 등장한 다. 유전자를 절단하고, 수선한다는 것이다. 그와 함께 생물학 무기도 엄청난 속도로 발전하고 있다고 한다. 자본과 결합한 자연과학의 발전은 곧 인류를 멸망에 빠트릴 것만 같은 위기의식을 느꼈다. 첨단과학의 발전 속에는 인류의 희망도 꿈꿀 수 있지만, 인간 지식의 오만함이나 인간의 탐욕도 항상 그림자처럼 따라다닌다. 그것이 삶의 현장이다. 그는 이러한 삶의 현장을 직시하면서 이웃의 고통, 생태계의 고통을 종교적 가치로 극복해야 함을 강조하였다.

사실 과학이 맹목적인 믿음이 되어서는 안 된다. 과학은 미스테리한 것에 대하여 끊임없이 회의하고 의심을 확장해 가는 지적 탐구의 과정이다. 그렇기에 과학은 열려 있어야 한다. 칼 포퍼가 말하는 반증가능성이 곧 열린 자세로 학문을 대하는 태도일 것이다. 철학 역시 열린 자세로 끊임없이 왜?라는 질문을 던져야 한다. 나의 철학만이 확실한 것이라고 주장하는 순간 맹목적인 믿음이 되고, 사이비 철학으로 전락할 것이다. 과학과 철학은 같은 운명의 길을 걷고 있다. 항상 겸손해야한다. 인간의 시선 자체가 한계가 있기에 고정 불변한 진리란 것은 없을지도 모른다.

저녁을 먹으면서 나노테크놀로지 관련하여 박사학위를 취득한 사위에게 과학이란 검증 가능해야 하지 않느냐고 물어보았다. "한마디로 설명하기 어려운데요! 지난번에 아버님이 물어보신 양자역학은 이론은 있지만 검증이 불가능하기에 검증가능성만 가지고 과학이라고 말씀드리기는 어려울 것 같습니다." 나는 과학철학을 언급하면서 그래도 검증할 수 있어야 최소한 과학이라고 할 수 있지 않느냐고 다시 물었다. 반드시 그렇지는 않다고 한다. 이론적인 체계를 갖춘 과학이지만 검증할 수 없는 것들도 무수히 많다고 한다. 이야기 도중 서로의 생각의 차이가 있음을 직감하였지만, 그의 논리를 존중하였다. 하지만 과학은 고정 불변한 지식이 아니라 항상 변화 가능성을 열어 두어야 한다는 점에서 서로의 타협점을 찾았다.

과학의 발전은 분명히 인류의 문명을 발달시켰다. 하지만 과학의 발전과 함께 뒤따르는 과학의 그림자는 인류의 위기를 초래했다. 인류의 위기는 자연을 인간의 도구로 사용하는 인간 중심적인 사고의 극단이 몰고 온 비극이다. 그러하기에 관계 중심적인 사고가 필요하다. 나의 존재는 타인과의, 혹은 자연과의 관계 속에 존재한다. 그러하기에 나의 생명이 소중한 만큼 타인의 생명, 나아가서 모든 자연계의 생명 역시 소중함을 깨달아야 한다. 하지만 세상은 지나치게 자기중심적인 사고가 넘친다. 불교적 세계관이라고 말할 수 있는 관계 중심적인 세계관 속에서 생명 존중의 정신이 싹트지 않을까? 그래서 불교적 사유는 생명 존중으로 이어진다.

2010년 에드워드 윌슨의 『바이오필리아』가 번역되었다. 그 책에는 윌슨의 제자라고 하는 한국의 유명한 교수 추천사가 쓰여있다. "나는 우리 인간에게 생명을 아름답다고 여기면서 보호하려는 심성이 존재한다고 믿는다." 바이오필리아는 생명 사랑이다. 사회생물학의 아버지라고 불리는 에드워드 윌슨은 그 책에서 생명 사랑을 바탕으로 생물의 다양성을 보존해야 한다고 주장했다. 그분은 안타깝게도 2021년 돌아가셨다. 만약 그분이 살아계셨다면, 그리고 그 책에 추천사를 쓴 한국의 교수분은 지금 일본의 핵 오염수 방류를 어떻게 보았을까? 오늘 우희종 선생이 언급한 사전주의원칙(Precautionary Principle)이 새삼스럽게 다시 떠오른다. 이 원칙은 환경 분야에서 소중히 다루는 원칙이라고 한다. 사전주의원칙이란 확실한 증거가 존재하지 않더라도 심각한 환경파괴의 위험이 있을 때는 적기에 적극적으로 동참해야 한다는 원칙이다. 인간의 생명뿐만 아니라 자연의 모든 생명에 대한 사랑과 사랑의 실천이 필요한 시대이다.

실존 이전의 삶의 역사성

　　"인간은 특별하지도 않고 독립적이지도 않으며, 그저 지구를 에워싸고 있는 연속체인 생명의 일부일 뿐이다. 우리는 다른 생명의 목소리에 진정으로 귀를 기울여야 한다. 생명의 오페라에서 우리는 그저 하나의 선율로 되풀이되고 지속된다." 이 글은 마굴리스의 『생명은 무엇인가』라는 책에서 인용한 글이다. 나는 이 글에서 생명권 전체에 대한 경이감과 모든 생명에 대한 존귀함을 느낀다. 이 글은 우희종 선생이 강조하는 불교적 세계관을 함축적으로 담고 있다. 불교는 생명의 종교이자 삶의 종교이다. 그리고 불교적 세계관은 관계 중심적인 세계관이다. 오늘은 이 글을 인용하면서 어제 우희종 선생의 강의를 다시 정리해 보고자 한다.

어제 우희종 선생은 '과학 시대의 창조와 영생'이라는 타이틀로 강의했다. 불교를 강의하지만, 그의 강의는 현대 과학과 불교의 융합에 가깝다. 서당 개 삼 년이면 풍월을 읊을 수 있다고 하지만, 나는 우희종 선생 그림자의 흔적만 볼 뿐이다. 삼 년이 되면 나만의 새로운 해석이 가능할지는 모르겠다. 어제는 생명의 기원(abiogenesis)과 합성생물학에 대해 개략적으로 설명, 그리고 미국의 Trans humanist Party, 자본주의에 물든 과학기술 등을 이야기하였다. 생명의 기원에 관한 이야기는 최근 읽은 마굴리스의 『생명은 무엇인가』에서 읽었던 내용과 유사했다. 모든 생명체는 태양 에너지의 흐름이라는 그의 말도 쉽게 이해되었다. 그러나 합성생물학을 언급하면서 인공셀과 자연셀의 조합으로 새로운 생명을 탄생시킬 수 있다는 내용은 알 듯 말 듯 했다. 그러나 놀라운 것은 합성생물학을 응용하여 지금도 생화학무기를 만들어 내고 있다고 한다. 우희종 선생은 "무엇을 위한 창조인가?"라고 물었지만, 나는 "누구를 위한 창조인가?"를 묻고 싶었다. 합성생물학은 생명윤리에 대한 심각한 문제가 있음은 분명하다고 생각했다.

트랜스휴머니즘 정당! 과학으로 죽음을 극복하자는 미국의 소수 정당이다. 그 정당은 AI를 비롯하여 3D bioprinting 기술, 그 외에 수많은 과학기술을 동원하여 죽음을 극복할 수 있다고 주장한다. 3D bioprinting 기술은 무균상태에서 돼지를 길러서 돼지 심장에 유전자를 편집하여 인간에게 이식하는 데까지 성공했다. 기계적인 전기자극을 이용하여 동물의 심장을 사람에게 이식하는 인공심장을 만드는 기술에 관한 이야기는 들어보았지만, 3D bioprinting 기술은 새로웠다. 실제로 그 기술을 이용하여 어떤 사람은 2개월 동안 생명을 연장하였다고 한다. 막대한 연구 투자비가 필요한 첨단 과학기술에 의한 영생에 대한 인간의 꿈은 특정 지배계층이나 누릴 수 있는 특권이 될 것이다. 중국의 진시황이 영생을 꿈꾸었지만 수은 중독으로 죽었다는 설은 하나의 아이러니이다. 영생은 헛된 꿈이다. 만약 당신이 영생한다면 당신의 삶은 어떠할까? 또한 누군가의 생명을 2개월 동안 연장하기 위해 첨단과학에 투자한 돈의 아주 일부만 아프리카에 투자했으면, 기아에 허덕이는 수만 명의 인간을 구할 수 있었을 것이다. 우리에게 아직도 이 물음은 유효하다. 누구를, 그리고 무엇을 위한 과학인가?

오늘날 현대는 자본이 만들어 낸 보이지 않는 폭력으로 생태계가 신음하고 있다. 지금 우리는 인류세 또는 자본세의 세상에서 살고 있다. 오늘날 지구상의 수많은 종이 사라지고 있다. 하나의 종이 사라지면 그 자리에 새로운 종이 생겨난다. 지구는 경이로운 생명의 연속체로 존재한다. 이를 다음과 같이 표현할 수도 있을 것이다. "지구의 생명은 상호의존적인 존재가 프랙털을 이룬 네트워크, 즉 홀러키다." 상호의존적인 생태계의 파괴는 종간 장벽을 뛰어넘는 새로운 생명체를 탄생시킨다. 그들이 인류의 존재를 위협하고 있다. AIDS가 그렇고 COVID가 그렇다. 바이러스뿐만 아니라 새로운 박테리아도 등장한다. 메티실린 기를 가진 항생제에 내성을 갖는 MRSA가 그렇고, 이제는 flesh-eating bacteria도 출현했다고 한다. 그 균은 근육 주변의 살이 썩어서 죽어가는 병을 유발시킨다고 한다. 당연시 치사율도 높다.

　　과학기술은 자본주의에 물들었다. 줄기세포 이식의 부작용으로 사람이 사망했을 때에도 관계 집단은 과학으로 포장된 권위에 의존해서 문제가 없는 것으로 발표했다. 후쿠시마 핵오염수 바다 방류에 대한 IAEA의 발표도 이해관계집단의 발표에 불과하다. 자본은 과학을 시녀로 두고 있다. 과학은 그 시대의 문화에 불과하다. 무엇을 위한 과학인가를 묻지 않고, 누구를 위한 과학기술인가를 묻게 되면 오늘날의 문화가 보인다. 지배계층을 위한 문화이다. 과학은 진리에 가까워질 수는 있지만 항상 근접함에 머문다. 그 근접이 어떤 방향에서의 근접인가가 중요하다. 진리에 근접하는 과학이 이상의 집착을 버리지 못하고 반생명적인 근접이라면, 그러한 과학은 인간과 자연생태계와의 자연스러운 만남을 차단시킬 것이다.

　　문제는 인간이라는 종우월주의와 더불어 이상에 대한 집착이다. 개체로서의 인간은 저마다 개체고유성을 가지고 있지만, 각 개체가 가지고 있는 이상은 안이비설신의라는 6근으로 생긴다. 눈으로 보는 나만이 내가 아니고 안이비설신의 6근 전체가 나를 이루고 있고, 그러한 나라는 자의식은 항상 변화하며 영원한 것이 없다는 것이 불교의 근본 가르침이다. 삼법인에서 언급하듯이 제법이 무상하다는 것이다. 무상함은 모든 것이 서로 인과로 얽혀 있는 관계로 이루어져 있기 때문이기도 하다. 모든 것이 무상하고, 관계 속에서 이루어지는 것을 알게 됨으로써 나에 대한 집착에서 벗어나게 될 때 생명에 대한 존중과 삶에 대한 긍정적인 자세가 생기게 된다. 그래서 불교는 생명의 종교이고 삶의 종교이다.

어제 강의를 한마디로 요약하면 인간의 삶이란 생명의 긴 역사 속에서 중층적으로 이루어진 개체적 삶의 누적이다. 이 말을 달리 표현하면, 인간의 실존 이전에 인류의 생명이라는 역사성 속에 나타난 관계적인 삶을 존중해야 한다는 것이다. 실존주의자들이 "실존은 본질에 앞선다"고 말을 할 때 실존은 지금 여기에 던져진 존재를 의미한다. 여기에는 인간의 생명에 대한 역사성과 인과로 서로 얽혀 있는 관계성이 고려되지 않고 오로지 현장성만 강조된다. 불교가 강조하는 파사현정이나 자리이타의 정신은 닫힌 삶이 아니라 열린 삶을 지향한다. 그러하기에 불교는 현장성에 근거한 나와 너의 관계성과 상호인정을 소중하게 생각하고, 내 속에 전체를 포함하고 있지만 개체 모두의 합이 전체를 능가하는 나, 그러하기에 나를 둘러싸고 있는 모든 생명에 대한 존중과 생명 감수성을 높여야 함을 강조하고 있다. 아집을 버림으로써 진정한 자유를 얻는 것이 불교의 철학이다. 그것이 대자유의 영생일지도 모른다.

십우도와 사교입선

　　십우도를 위키백과에 검색해봤다. "십우도는 선불교에서 견성에 이르는 참선 수행의 과정을 10개의 그림으로 나타낸 것이다." 見性? 깨달음의 의미일 것이다. 그 아래 줄을 읽어봤다. "십우도는 사마타 수행을 그림으로 표현한 것이다. 이 사마타 수행을 한 다음에는, 위빠사나 수행을 하여야 깨달음을 얻는다." 사마타? 위빠사나? 이건 무슨 암호냐? 그 문단을 이해하기 위해서는 또 다른 검색이 필요했다. 두 단어를 다시 검색해보았다. 사마타는 지(止)수행법을 의미하며, 지수행법이란 산란한 마음을 멈추고 한 가지 대상에 집중하는 것이라고 한다. 그리고 위빠사나는 관(觀)수행법을 의미하며, 관수행법은 움직이지 않는 마음을 통하여 사물을 올바르게 관찰하는 것이라고 한다. '지'와 '관'은 한자의 멈출 止와 볼 觀이었다. 우리의 말과 글은 한자가 많이 섞여 있어서 한자를 모르는 세대를 위해서는 '쉽게 쓴 불교 용어 해설집'이 필요할지도 모른다. 아무튼 십우도는 깨달음의 단계를 소와 동자에 비유하여 나타낸 그림이다.

어제 우희종 선생의 강의는 십우도와 사교입선에 관한 강의였다. '사교입선'은 경전을 넘어서 선정으로 들어가는 것을 의미한다. 그는 주로 선종의 입장에서 불교를 청중들에게 쉽게 이해시키려고 하였다. 나는 불교를 종교로써 이해하기보다, 철학으로 이해하기 위해서 불교에 많은 관심을 가지고 있다. 불교에 대한 기초 지식은 책을 통해서 이미 조금은 알고 있었지만, 어제의 강의는 새로웠다. 강의의 핵심 내용은 불교는 중생과 동고동락하면서 자비를 배푸는 것에 있다는 것이었다. 대승불교의 핵심이고, 십우도에 대한 설명과도 연결되었다. 팔정도와 육바라밀을 통해 깨달음을 얻었어도 대중 속에서 자비를 베풀지 않으면 참된 깨달음을 얻었다고 할 수 없음을 강조하였다. 십우도의 마지막 단계인 입전수수(入廛垂手)가 바로 그것이었다. 이 대목에서 우희종 교수는 이웃에 대한 사랑이 없는 현대 불교를 비롯하여 기독교도 근본 교리를 벗어난 타락한 종교라고 비판하였다.

기독교의 사랑과 불교의 자비는 모두 같은 곳을 향한다. 이웃의 어려운 상황에 대한 이해와 보살핌이다. 하지만 현대의 종교는 그렇지 못하다. 교회는 돈이 곧 하느님이고, 불교 역시 돈이 곧 부처이다. 몇 해

전에 문제가 되었던 사찰 관람료와 관계하여 전 불교계가 모여서 시위를 벌인 사건을 두고도 우희종 선생은 한국의 불교계를 이끄는 스님들을 맹비난하였다. 나는 불교 교인은 아니지만, 사찰 관람료 때문에 전국의 스님들이 모여서 시위를 했다는 것은 불교계가 비난받아 마땅하다고 생각했다. 조계종의 자산은 어마어마할 것이다. 대형 교회 역시 자본을 증식하는 방법에 대해서는 귀재라고 생각한다. 자본을 증식하는 것을 비난할 수는 없다. 다만 자본 증식에 비례하여 사회에 대해 사랑이나 자비로 선행을 배풀었다면 우리 사회가 지금보다는 훨씬 더 나은 사회가 되었을 것이다. 그들은 번 만큼 사회 환원하는 것이 아니라, 사회 환원은 흉내만 내고 자신들의 뱃 속을 챙기기에 여념이 없다.

사교입선(捨敎入禪), 교학을 버리고 선학에 집중한다는 우리나라 불교를 언급하면서 우희종 선생은 우리나라에서 진정한 의미에서의 선종은 사라진 지 오래라고 이야기했다. 그는 성철스님을 존경하는 것 같았다. 포스트 성철은 아직도 요원하다고 언급하였다. 나는 성철스님에 대한 정보가 없었다. 강의가 끝난 후에 귀가하여 성철스님에 대한 인터넷 검색을 하던 중 문광스님이 쓴 『탄허학』이란 책에서 성철스님에 대한 언급이 있는 대목을 발견했다. 책을 좋아해서 친book좌파인 내가 그런 책을 놓칠 리가 없었다. 그래서 『탄허학』을 구입해서 읽어 보았다. 성철스님은 돈오돈수를 주장하였지만, 탄허스님은 돈오점수를 주장하였다고 한다. 책의 내용에 의하면 성철스님은 수행을 매우 강조하였던 것 같았다. 마음속으로 "성철스님은 부처만 되기를 바라신 분인가?"라는 생각이 들었다. 혼자 부처가 되려고 수행하는 자세는 소승불교의 자세인데, 성철스님은 산속에서 수행만 하셨는지 의문이 들었다. 사실 나에게는 돈오돈수나 돈오점수가 중요한 문제가 아니었다. "나의 일상에서 불교는 어떤 도움을 주는가?"가 더 중요했다. 이웃에 대한 자발적인 자비! 그것이 참된 자유일지도 모른다.

불교는 노장사상과도 일맥상통한다. 또한 하이데거의 철학이 불교와 노장사상과 유사한 점이 있다는 것도 알고 있다. 하이데거가 예술을 통하여 말로써 설명할 수 없는 존재를 드러내 보이려 하는 태도와 불교의 언어도단, 노자의 도가도비상도는 모두 언어의 한계를 드러낸 태도이다. 언어를 넘어서는 깨달음. 사실 논리만으로 세상을 살기에는 삶이 너무 복잡한 것 같다. 그래서 불교에서는 수행을 강조했는지도 모른다. 강의 후에 이러한 나의 생각을 우희종 선생에게 질문을 하였다. 그는 수행의 중요성을 강조하였지만, 종교인이 아닌 나에게는 수행이 그렇게 절박하게 다가오지 않았다. 기회가 되면 수행이 어떤 것인지 경험은 해 보고 싶기는 했다. 또한 교학을 버리라고 하지만 교학을 알지 못하고서는 선수행도 올바른 방향으로 이끌 수 없지 않을까도 생각해 보았다. 입전수수를 실천에 옮기는 행위가 곧 선의 경지일 것이지만, 나에게는 아직 요원한 일인 것 같았다. 수행하다 보면 어느 순간 깨우쳐서 실천에 옮기게 될지도 모를 일이지만 말이다.

언어의 한계와 선불교

      노장사상과 불교는 사상적으로 유사한 점이 많다. 노자 도덕경 첫구절이 '도가도 비상도 명가명 비상명'이다. 도는 인간의 인식이나 표상을 초월해 있기에 어떤 개념으로도 포착할 수 없음을 의미한다. 그것을 불교에서는 '언어도단'이라고 한다. 언어도단은 말로써 설명할 수 없음을 의미한다. 도를 도라고 말하는 순간 도가 아니라고 말하는 노자와 마찬가지로 불교에서는 언어로 쓰여진 경전은 이곳에서 저곳으로 건너가기 위한 수단은 되지만, 저곳에 도착하면 경전을 버려야 한다는 의미의 사교입선이라는 말과도 연관이 있다. 교를 버리고 선에 들어간다는 의미의 사교입선은 선수행의 기본이 되는 말이다. 여기에는 언어가 가진 한계가 있음을 바탕에 깔고 있다. 토끼뿔은 개념으로는 존재하지만, 실제 토끼뿔은 찾는 것은 헛된 일임은 분명하다.

오늘날 한국불교는 선수행이 강조되는 불교이다. 물론 신라시대의 원효는 화엄경에 입각해 당시의 모든 사상을 화쟁사상으로 종합했다. 또한 의상은 화엄사상을 통해 그 시대에 평등을 강조했었다. 이때까지만 해도 한국 불교는 교학이 중심이었다. 그 이후 고려 후기에 접어들면서 지눌에 의해 교학을 선으로 융합하였다. 조선시대에는 불교가 배척당하고 승려는 팔대 천민으로 전락했지만, 임진왜란과 병자호란을 계기로 불교가 다소간 재기할 수 있었다. 즉, 전쟁 시기에 승려들이 승병을 일으켜 호국불교의 참모습을 보여 줌으로써 조선 후기 국왕과 관료들의 불교에 대한 태도를 변화시켰다. 이 시기에도 불교는 선종이 중심이었지만, 선교양종의 형태로 화엄, 법화, 정토, 밀교 등도 나름대로 맥을 이어가고 있었다.

한일합방 이후에 불교 교단은 총독부의 사찰령에 의해 규제를 받았다. 일제의 영향으로 많은 수의 승려가 출가하여 대처승이 되기도 하였다, 1941년에는 정식으로 조계종이 발족하였으나, 해방 이후 친일 청산과 맞물려 일본에 우호적이었던 승려들을 축출하는 정화가 시작되었다. 이러한 분규로 1969년 비구 측이 조계종으로 정식 등록하고, 이에 반발한 대처 승단은 1970년 태고종으로 등록하여 한국 불교는 조계종과 태고종으로 나뉘게 되었다. 그 이후 지속적으로 신흥 종단이 탄생하여 1998년 문공부에 정식으로 등록한 불교종단은 약 50여 개에 달했다고 한다. 2011년에 한국학 중앙연구원에서 밝힌 국내 불교종단은 265

개라고 한다.

　　한국불교의 난맥상이라고 볼 수 있다. 오늘은 우희종 교수가
「언어의 한계와 간화선」이라는 제목으로 강의를 했다. 그는 대승불교
의 가르침을 실천에 옮기시는 분이다. 그는 간화선 수행도 했다고 한다.
선수행을 하면서 음악 소리를 듣고 큰 깨달음을 얻었다는 자신의 경험
을 이야기했지만, 나로서는 그 경지를 이해하기가 어려웠다. 한국 불교
는 아직도 선수행을 하는 스님들이 많다고 한다. 하지만 선생님은 오늘
날의 한국불교에 대해 비판을 아끼지 않았다. 대학 강단의 철학자들이
상아탑 안에서 자신들의 지적 유희를 즐기는 것과 마찬가지로, 한국 불
교의 스님들도 절에서 머물면서 중생구제에는 힘을 쏟지 않는다고 오늘
날의 불교를 비판했다. 깨달음을 얻었다면 시중에 들어가서 대중들을
구제해야 한다는 점을 강조한 것이었다. 선종을 상징하는 심우도의 마
지막 단계인 입전수수이다.

　　오늘 강의에서는 선에 임하는 자세에 대한 이야기가 기억에 남
았다. 선 수행은 스승과 함께 해야 한다는 것은 책을 통해서 알고 있었
지만, 그것은 글자로만 알고 있을 뿐 나에게 쉽게 다가오지는 않았다.
오늘 강의에서 우희종 선생은 수행의 세 가지 요소라고 할 수 있는 대신
심, 대의심, 대분심의 마음가짐이 있어야 한다고 말하였는데, 그. 대목
은 새롭게 와닿았다. 간절하면서도 서두르지 않는 자세, 그리고 몸과 마

음의 힘을 빼는 자세, 사량분별을 넘어서는 관조의 자세는 굳이 선수행이 아니라도 우리가 삶을 대하는 자세로써도 소중한 가르침이다. 그 외에 간화선도 산 정상에 오르는 하나의 길이고, 묵조선도 또 다른 길이고, 참선, 불경, 위빠사나 모두 서로 다른 하나의 길이라고 설명한 부분도 공감이 되었다.

재미있었던 것은 속는 줄 알면서 속아주는 지혜가 입전수수의 단계라고 언급한 대목이었다. 난 순간적으로 지젝의 이야기가 머리에 떠 올랐다. 물론 선생님의 이야기와 지젝의 이야기는 서로 달랐다. "비록 ~이 아니라는 것을 잘 알고 있지만, 그럼에도 마치 ~인 듯이 행동한다." 지젝의 이 말은 이데올로기에 순응하는 삶을 비유하고 있다. 이데올로기는 교리, 믿음, 의례라는 전 과정을 통해 주체를 생산하고, 주체는 그것들을 강화한다는 것이다. 그 과정은 이데올로기 국가 장치의 일방적 주입이 아니라 우리의 의례적 행위에 깊숙이 새겨져 있기에, 알면서도 자신의 욕망을 위하여 모르는 척 행동한다는 것이다. 지젝의 이야기와 더 높은 차원의 실천을 위해서 속는 줄 알면서 속아주는 우희종 선생의 이야기는 서로 다르지만, 야릇한 유사점이 있는 것 같았다.

유튜브의 비대면 강의와 달리 현장에서의 대면 강의는 소통할 수 있는 장점이 있다. 선생님은 항상 수업이 끝난 후 수강생들과 함께 담소를 나눈다. 나는 종교로서의 불교가 아니라 철학으로서의 불교에 관심이 많기 때문에, 강의를 듣는 것 외에 불교와 관련된 다양한 책들도 함께 공부한다. 오늘은 불교와 관련하여 하이데거와 쇼펜하우어의 생각들을 함께 이야기 나누었다. 레비나스가 언급한 메시아사상도 대승불교의 보살 개념과 유사하다는 생각도 전했다. 어쩌면 모든 종교의 근본 사상은 이웃과 함께하는 삶과 자비로운 실천으로 통할지도 모른다. 모든 실천은 삶의 현장이라고 할 수 있는 시장에서 이루어져야 한다. 하지만 삶의 현장에서 이루어지는 의사소통은 언어의 한계와는 다른 또 다른 어려움이 있다. 언어와 대상이 일대 일 대응관계가 아님에도 불구하고 우리는 자기만의 언어에 매달리게 된다. 그래서 언어의 한계를 넘어선 선적 깨달음이 중요할지도 모른다. 나도 언젠가는 나만이 갖는 언어의 한계를 넘어서서 염화시중의 미소를 머금을 수 있을까? 그날을 기대한다.

왜 참여 불교이어야 하는가?

마르크스는 '종교는 민중의 아편'이라고 했다. 이 말의 의미는 종교가 노동자 계급의 열악한 경제 상황과 소외에 대한 항의를 순치시키는 한 형태라는 것이다. 즉 현실 속에서 노동자 계급의 소외를 극복하려고 노력하지 않고, 초월적 신 속으로 도피한다는 말이다. 그런데 이 말을 약간 변형하여 오늘날 한국의 목사와 스님들이 신도들에게 아편을 파는 장사꾼이라면 어떨까? 놀라우리만큼 정확한 비유인 것 같다. '아편을 파는 장사꾼'은 내가 만들어 낸 말은 아니다. 이 글을 읽는 스님, 목사들은 나를 비난하지 말고, 마르크스를 비난하기 바란다. 어제 '생명존중과 불교'라는 제목의 강의에서도 나온 말이다. 우희종 선생은 한국의 여러 종교는 이웃과 사회의 고통에 침묵하게 만드는 마약 장사꾼이라는 표현을 썼다. 이 말은 개인 기복적인 성격이 강한 한국 종교 지도 자들이 귀담아들을 이야기라고 생각한다.

지난 강의에서 그는 불교적 지혜는 연기라는 관계 중심적인 사고를 바탕으로 하며, 생명 존중과 비폭력을 실천에 옮겨야 함을 강조하였다. 어제 강의는 지난 강의의 연장선에 있었다. 우희종 선생은 자연과학 전공자인 만큼 불교를 현대인들에게 익숙한 자연과학적 지식을 바탕으로 설명한다. 어제는 면역계와 뇌 신경계는 상호 영향을 미치는 관계가 있음이 과학적으로 밝혀졌고, 최근에는 장내 미생물과도 뇌 신경계가 상호 영향을 미치는 것이 밝혀졌다고 한다. 결국 뇌 신경계, 면역계, 장내 미생물이 상호 관계를 형성하면서 나라는 존재가 형성된다는 것이다.

어제의 강의를 요약하면 다음과 같다. 생명은 모든 존재의 근원을 의미하고, 생명체는 생명현상을 나타내는 물체를 의미한다. 생명체의 특징은 개체고유성과 다양성이다. 여기서 생명체의 개체고유성을 불교에서는 아상(我相)이라고 말하고, 이러한 아상은 개체화되어 닫힌 욕망을 의미하며, 결국 버려야 할 대상이 되는 것이다. 한편에서는 천상천하유아독존이라는 불교적 용어를 인간은 저마다 개체고유성을 가진 존귀한 존재로 해석했다. 사실 이 말은 다양하게 해석할 수도 있지만, 그의 해석을 그대로 따라가 보자. 모든 생명체는 저만의 고유한 역사 속에서 고유한 특성을 가지며, 어느 누구도 자신을 대신할 수 없다는 측면에서 '천상천하유아독존'을 이해한다면, 모든 생명체는 존중되어야 한다고 해석할 수도 있다. 이러한 존귀함을 가진 생명체를 그는 열린 욕망으로 표현하였다.

진화에 대한 설명도 이어졌다. 진화는 생명체의 구체적인 모습이고, 주변 환경의 주어진 조건 속에서 서로 창발적인 변화로 새로운 안정을 추구하는 과정으로 설명하였다. 이러한 진화에는 어떤 목적이 있는 것이 아니고, 진보나 최선으로 진행되는 것도 아니라고 보았다. 곧, 진화는 적응이고, 적응은 목적이 아니라 생명체의 최적 상태인 것이다. 이러한 진화에 대한 설명 역시 개체 고유성과 관계한다. 개체고유성은 주위와의 관계 누적에 의존한다는 것이다. 개체고유성은 주변과의 관계 누적 속에서 창발적으로 변화한다는 것이고, 그로써 모든 생명체는 다양성을 간직하게 된다. 그래서 불교적 관점에서는 개체 고유성과 다양성을 존중한다는 것이다.

또한 개체 고유성은 개체 안에 시간의 누적과 이기적 유전자를 담고 있지만, 정신은 개체라는 물질에 의존한다고 말한다. 그래서 그는 자의식이라는 정신은 몸에 의존해 있고, 정신은 다섯가지 감각기관에 의해 형성되어 물질화되지 않은 감지기능일 뿐이기에 몸이 정신에 우선한다고 보았다. 이러한 측면을 강조하다 보니 어제 강의 중에는 정신이 우선이라고 말하는 철학자들을 '찌질이'라고 농담하기도 하였다. 그의 말은 나라는 정신을 가진 존재는 몸에 의해 만들어진 허상에 불과하다는 것이다. 물론 나는 강의가 끝난 후에 Psychosomatic disorders라는 병도 있지 않으냐고 점잖게 질문을 했다. 사실 신체와 정신은 상호 영향을 미친다. 그는 몸의 다섯 가지 감각기관끼리도 영향을 주고받듯이 몸과 정신의 상호작용으로 설명하였으나, 자의식이라는 정신과 마음간의 구분이 필요하다고 말했다. 정신과 마음의 구분! 나는 그러한 구분이 과연 가능한지는 더 이상 묻지 않았다.

그는 모든 생명체는 욕망과 방향성을 가진다고 설명하였다. 여기서 그는 방향성을 가진 힘인 백터와 방향성 없는 힘인 스칼라를 도입한다. 그러면서 라캉과 들뢰즈를 언급하였다. 솔직히 이 부분에서는 그의 말을 공감하기는 어려웠다. 타인의 욕망을 욕망한다는 라캉의 이야기는 타인의 욕망에 의해 소외되어 있는 한, 주체는 아직 진정한 주체로 태어나지 못한 것이다. 그래서 라캉은 타자에 의한 소외로부터 벗어나는 과정을 분리라고 부르며, 분리란 자신의 고유한 욕망과 만족 혹은 향유를 되찾고 해방과 자유를 다시 획득한, 즉 욕망하고 향유하는 새로운 주체로의 탄생을 의미한다. 이런 과정이 자신과 타자 간의 방향성을 가지는 것은 분명하지만, 이러한 라캉의 생각이 왜 방향성을 가진 힘인 백터와 관계가 있는지 이해하지는 못했다. 또한 돌발적으로 생겨났다 사라지는 생명의 떨림을 이야기하는 들뢰즈의 철학이 불교와 어떤 관계가 있는지에 대해서도 다시 공부해보아야 할 일이다.

어제의 강의를 요약하면, 불교의 생명관은 관계성 속에서의 삶을 깨닫고, 상락아정(常 항상됨, 樂 즐거움, 我 본질을 지님, 淨 깨끗함)의 세계, 종교적 열락(悅樂 유한한 욕구를 넘어서서 얻는 큰 기쁨)의 세계를 만들어야 하며, 진정한 열린 욕망을 인정하는 것이 바로 자타불이(自他不二)의 정신이기도 하다. 불교의 생명관은 한마디로 요약하면 열락의 세계로 함께 가는 것이다. 이를 위해서 파사현정(破邪顯正)과 입전수수(入廛垂手)를 실천해야 한다. 여기서 우희종 선생은 대승불교적 참여불교를 강조하였다. 타자와의 관계성을 중요시하고, 나의 개체 고유성과 함께 타자의 개체고유성을 존귀하게 여기며, 나와 타자가 함께 열락의 세계로 가는 것이 바로 천상의 즐거움일 것이다. 그것인 바로 진정한 자유를 실천하는 길이기도 하다. 상을 없애거나 상을 비우지 않고, 그 어떤 상이 있더라도 그 안에서 자유로울 때, 바로 그 때가 진정한 깨달음을 얻는 참된 자유일 것이고, 그것이 바로 모든 집착에서 벗어나는 응무소주(應無所住)의 상태일 것이다. 불교의 생명관을 바탕으로 한 참여 불교가 어지러운 이 땅에 뿌리 내리기를 기원해 본다. 「벌거벗은 부다」에는 조계종이 아닌 우희종이 있었다.

인류세와 불교

　　어제는 편도선 주위 농양으로 인한 고통에서 겨우 헤어나자마자 인류세와 포스트 휴머니즘, 그리고 신유물론이라는 지적 악마에 시달려 잠을 이루지 못했다. 새벽 4시. 지금은 이 글을 쓰지만 언제 중단할지 모른다. 정신이 몽롱해진다. 이것은 열락(悅樂)의 밤이다. 앞에 언급한 지적 악마들은 어제 오후 우희종 선생의 강의에 참석했다가 들었던 개념들이다. 자연과학적 지식들은 내 머리에 신선한 충격으로 전해졌다. 세상을 바라보는 시야를 넓혀주었다. 우물 안의 개구리가 겨우 우물 바깥의 소식들을 전해 듣게 된 꼴이었다. 지금까지 알고 있는 나의 지식이 별것 아니었다는 것을 아는 것만으로도 흥분되었다. 이것은 천사의 탈을 쓴 악마의 유혹일지도 모른다. 그래도 나의 무지를 아는 것만으로 행복했다.

인류세는 인류가 지구에 영향을 미쳤던 시기라는 의미이다. 그로 인해 지구 환경이 급격하게 변하게 되었고, 인류가 지구 환경의 변화에 대비해야 한다는 경고가 담긴 용어이다. 인류의 욕망으로 대지가 아프게 되어 대지의 여신 가이아가 분노하기 시작했다. 과학 철학자 브루노 라투르는 인간의 무분별한 활동이 지구의 항상성을 회복 불가능한 데까지 몰고 가는 순간, 과거 공룡 등 다른 생명체들을 멸종시켰던 무자비한 가이아가 다시 깨어난다는 표현으로 인류세의 위기를 경고한다. 인류세는 거대한 가속이라는 용어와도 함께 사용된다. 20세기 중반 이후 인간의 욕심이 폭발적으로 증가하여 거대한 속도로 지구 환경을 파괴시키고 있다는 말이다. 후쿠시마 오염수 방류가 실현된다면, 그것도 거대한 가속에 포함될 것이다. 이러한 인류세의 등장은 모두 자본에 의해 이루어졌다. 부유한 국가, 부유한 사람들은 가난한 국가, 가난한 사람보다 에너지 소비와 탄소 배출량이 훨씬 많다. 인류세는 자본세의 다른 말이다.

포스트 휴머니즘은 어떠한가? 최근 급속하게 발달하는 과학기술로 인간의 삶의 조건들이 급격하게 변화하고 있다. 20대 때 나는 인쇄하기 위해서 등사기를 밀어야 했었다. 나는 차트병으로 군 생활을 했다. 차트병? 과거의 유물로 변해버린 용어! 지금은 파워포인트로 브리핑을 하지만, 그 시절에는 A0크기의 흰 용지에 매직펜으로 글씨를 쓰고 도표도 직접 만들어서 브리핑하였다. 오늘날의 삶과 비교하면 엄청난 변화이다. 30대 회사생활을 처음 시작하면서 처음 접한 엑셀이라는 컴퓨터 프로그램은 정말 신의 작품이었다. 삐삐라는 호출기도 있었다. 하지만 그런 시절도 잠시였다. 지금은 핸드폰이 필수품인 시대이다, 곧 닥칠 미래에는 메타인지가 가능한 인공지능도 등장할 판이다. 과거 40년 전의 기억으로는 앞으로의 미래 40년 후를 예상할 수 없다. 그만큼 변화의 속도와 폭이 빠르고 넓고 깊다. 이러한 변화에 능동적으로 대응하기 위한 하나의 프로젝트가 포스트 휴머니즘이다. 포스트 휴머니즘은 휴머니즘을 넘어선 새로운 휴머니즘의 필요로 등장했다. 포스트휴머니즘은 휴머니즘 이후에 등장한 사상적 조류이고, 휴머니즘을 비판적으로 검토하거나 수정하고 대안을 모색하려는 시도를 의미한다.

포스트 휴머니즘은 트랜스 휴머니즘과는 다르다. 트랜스 휴머니즘은 과학기술을 이용하여 건강수명을 연장하거나 노화를 제거하거나 장애를 극복하는 것을 의미한다. 자율주행 시스템을 갖춘 자동차도 어쩌면 트랜스 휴머니즘에 속할지도 모른다. 이러한 트랜스 휴머니즘은 과학기술로 자연과 물질의 제약을 극복하고 인간의 능력을 무한히 확장할 수 있다는 종우월주의의 한계와 전통적 휴머니즘에 뿌리를 두고 있다. 한편에서는 인류세를 말 그대로 '인류가 주인공이 되는 시대'로 이해하며, 인류 문명과 과학기술의 진보에 무한한 믿음과 찬사를 보내는 이들도 있다. 그들을 에코 모더니스트라고 부른다. 하지만 인간의 욕망이라는 등에 올라탄 과학기술의 발달은 우리의 희망과 달리 지구를 위험에 빠트린다. 그래서 포스트 휴머니즘이 필요한 것이다.

신유물론은 포스트 휴머니즘의 사상적 기반이다. 학부 시절 마르크스의 유물론은 들어보았지만, 신유물론은 처음 접해본 개념이었다. 신유물론은 인간중심의 종우월주의를 벗어나 물질 자체가 가진 참된 모습을 간파하려는 시도이다. 신유물론에서는 인간을 포함한 모든 자연의 대상들을 생태적 관계망에 능동적으로 개입하는 관여자(agent)본다. 여기서의 물질은 운동성, 능동성, 창조성을 가진다. 물질이라고 하는 것도 실체적이지도 않고 항상 생성하고 흐르고 또한 변화하는 과정에 있다. 물질의 관여자가 생기론적이냐 수행적이냐의 관점 차이는 있지만, 이것이 신유물론자가 바라보는 물질이다. 이는 결국 기계적인 세계관에서 벗어나 생태적 세계관으로 전환을 의미한다. 지구가 모두 그물망처럼 얽혀있는 살아 숨쉬는 물질로 이루어져 있다고 보는 것이다.

우희종 선생은 이 대목에서 불교의 연기와 화엄을 언급했다. 포스트 휴머니즘과 신유물론 모두 인간 중심적 사고의 모순을 비판했는데, 이것이 바로 불교적 관점이라는 것이다. 인간과 물질을 이분법으로 나누는 인간 중심적 사고에서 벗어나 모든 것이 관계로 이루어져 있다는 불교의 연기론이 바로 신유물론과 일맥상통한다는 것이다. 그러한 이분법을 횡단함으로써 다중성, 다양성을 확보하는 것이 바로 화엄의 사상이라고 강조하였다. 현상의 모든 존재는 인과관계에 얽혀있고, 그러하기에 '함께-되기'라는 하나의 과정 혹은 사건으로 이해해야 한다는 것이다. 그것이 바로 불교적 사유이다. 성장지상주의, 자본주의 체제를 버리고 인간과 여타 생명체의 공존을 고려하며 약간의 불편함을 기꺼이 감수할 수 있는 세상을 만드는 일은 우리 모두의 과제라 할 수 있고, 그 사상적 바탕을 불교에서 찾을 수 있다.

　　연기론이나 화엄 사상은 이 세상의 모든 것이 서로 연결되어 있고 서로가 서로에게 영향을 미친다고 본다. 이는 결국 상호존중의 생명 존중으로 이어진다. 우리는 우주의 중심이 아니라 우주 속에 하나의 그물눈에 불과하다는 것이다. 우주의 모든 것이 서로에게 영향을 미친다면, 우리는 우리 주변의 모든 생명을 존중할 수밖에 없다. 내 곁의 풀 한 포기의 죽음조차도 함께 아파할 수 있어야 한다. 그것이 곧 인류세를 극복하는 길이면서 가이아의 분노를 가라앉힐 유일한 길이다. 함께 아파한다는 것은 결국 공감의 확대이다. 공감의 첫 출발점은 나를 버림에 있다. 그리고 타자의 아픔을 함께 아파하는 것이다. 역지사지의 마음이다. 서구의 문명의 끝은 동양의 사고로의 귀환을 의미할지도 모른다. 그 중심에 불교가 한 자리를 차지한다. 개인 중심적인 고전적 자유주의에서 사회성을 바탕으로 한 사회적 자유주의로의 전환도 그 맥을 같이 한다. 어쩌면 불교는 고전적 자유주의와 사회적 자유주의의 통합을 말하고 있을지도 모른다.

인류세와 생명 감수성

인류세는 인간 활동이 지구 환경에 영향을 준 시대라는 뜻이다. 영국의 대기화학자 제임스 러브록은 '가이아의 복수'라는 표현을 쓰면서 인류세의 위기를 진단했다. 이 말에는 지구가 살아있는 생물체라는 기본 신념이 깔려 있다. 지구가 인간이 만들어 낸 단순한 도구로 존재하는 것은 아니라는 말이다. 지렁이도 밟으면 꿈틀한다는 말처럼 인간이 지구를 괴롭혔기에 살아있는 지구가 인간에게 복수한다는 의미이다. 어제는 '인류세와 불교적 생명 감수성'이란 제목으로 우희종 선생의 '벌거벗은 붓다' 강의를 경청했다. 노자의 자연관이 이 시대에도 반드시 필요하다는 것을 다시 한번 더 확인한 시간이었다. 노자에게 자연은 만물을 낳게 하는 어머니이고, 만물의 근본이었다. 그래서 노자의 자연관은 유무상생의 기본 틀을 가지고 있다.

45억 년 전에 탄생한 지구는 지난 300년 사이에 엄청난 위험에 노출되고 있다. 근대의 서구적 이성이 낳은 인간 중심의 종우월주의적 사고의 결과이다. 전 지구적으로 큰 고통을 안겨준 covid 19로 인한 사망자 700만 명에 이른다고 한다. 불과 3~4년 동안에 발생한 일이다. 이러한 전염병의 특징은 인수공통 전염병이며, 인구가 밀집한 지역에서 등장한다. 신종전염병의 원인은 다양한 측면에서 살펴보아야 하겠지만, 대체로 전 지구적 환경 오염과 지구 온난화, 대량 소비문화, 인간 위주의 과학기술, 교역의 세계화, 보건의료기술의 자본화, 항생제 남용으로 인한 내성균 발현 등이라고 볼 수 있다. 외국계 제약회사에 근무한 나로서는 균이 항생제에 저항하면서 끊임없이 새롭게 발전한다는 사실을 누구보다 잘 알고 있다. MRSA(Methicillin-resistant Staphylococcus aureus)를 죽이는 '타고시드'라는 약품을 많이 판매했던 추억이 새롭다. 우희종 선생은 생태계를 자연과학으로만 다룰 수 없다는 측면을 강조하였다. 인간의 이성은 분명히 한계가 있다. 나는 우희종 선생의 말에 깊은 공감을 하였다.

　　인류세는 대량소비에 의한 신자유주의의 자본세와 다르지 않다고 설명하는 부분도 공감하였다. 과학기술에 의한 지구 착취는 생태계의 위기를 초래하였으며, 이는 곧 생명을 타자화하거나 자본화하여 결국 지구의 생명성의 상실을 초래하게 된다는 것이다. 나는 데카르트의 "나는 생각한다. 고로 존재한다"라는 명제를 좋아하지 않는다. 내가 생각하기에 존재하는 것이 아니라, 타자가 존재하기에 내가 존재하는 것이다. 우희종 선생은 울리히 백의『위험사회』에 대한 언급도 하였다. 두 시간의 강의였기에 위험 사회에 대한 긴 설명은 없었다. 하지만 나는 그 책을 읽었기에 적절한 인용이라고 생각했다. 위험 사회는 산업사회에 대한 성찰이었다. 부의 생산이 근대사회를 지배했다면, 위험 사회에서는 위험의 생산이 부의 생산을 지배한다는 것이다. "위험의 생산은 기술-경제적 진보에서 획득된 힘 위에 점차 어두운 그림자를 드리우고 있다." 울리히 백은 그 위험이 이제는 지구화의 경향을 보여준다고 보았다. 울리히 백은 인간이 자초한 생태계의 위기를 정확하게 예측했다.

우희종 선생은 인간이 자초한 생태계의 위기에서 우리의 책무는 무엇인가를 묻는다. 그는 이성만이 합리적이라는 근대 정신을 극복하여야 하며, 무슨 주의(이즘)로 표현되는 분파적 주장의 극복을 통한 총체적 접근이 필요하며, 삶의 합리성을 추구하는 이성과 함께 감성과 초월성을 회복하는 생명 감수성의 시대로 나아가야 한다고 보았다. 결국 관계 지향적인 불교적 지혜를 바탕으로 자연과 우리 삶에 대해 통합적, 총체적 접근이 필요하다는 것이다. 전체에서 부분으로 나아가는 분석적 환원론을 극복하여 총체적인 관계로 나아가는 관계성 회복이 중요하다고 강조하였다. 독일의 Max Planck Institute에서는 'Buddhism in the Anthropocene'라는 주제로 비-서구적 생각에 대한 배움의 길도 모색하고 있다고 설명도 덧붙였다.

우희종 선생은 이어서 비폭력과 참여 불교를 강조하였다. 관계 중심적인 사고를 바탕으로 한 생명 존중은 곧 비폭력으로 이어지며, 그러한 불교적인 지혜는 삶의 현장에서 실천으로 옮겨야 한다는 것이다. 그것이 바로 십우도의 마지막 단계인 입전수수의 단계라고 설명하였다. 또한 파사현정과 화쟁을 강조하면서 기울어진 운동장을 바로 세우는 것이 올바른 관계 회복을 위한 적극적인 삶의 자세라고 강조하였다. 사악한 도리를 깨뜨리고 올바른 도리를 드러내는 것이 바로 올바른 관계 회복이고, 좋은 것이 좋다는 생각은 화쟁이 아니며, 정당한 분노가 타당하다는 것이 화쟁이라고 강조하였다. 우희종 선생의 강의에는 아이러니가 숨어있다. 그는 이 시대에는 화난 부처가 아니라 벌거벗은 부처가 필요하다고 하였다. 벌거벗은 부처는 대승의 기본 정신을 지니고서 입전수수하는 부처이며, 그렇기에 고통받는 이웃에 대한 연민의 분노로 파사현정의 분노하는 부처를 말한다. 그저 산속이나 절간에 들어앉아 좋은 소리나 하고 사회 문제에 눈을 돌리게 하는 죽은 황금 붓다를 발가벗겨 생생한 붓다로 만들기 위한 것이 그가 말하는 벌거벗은 부처다. 그가 바라본 한국 불교는 연기실상, 자리이타, 동체대비를 망각한 변태불교였다.

두 시간의 강의를 짧은 글로 요약하기에는 한계가 있다. 이 외에도 귀담아들을 만한 무수히 많은 이야기가 있었다. 특히 종교의 이름으로 가해지는 폭력을 언급하면서 본 회퍼를 인용한 대목은 매우 인상적이었다. "어리석음은 악보다 더 위험한 선의 적이다." 그 외에 인도 사회에서 힌두교를 버리고 불교로 개종한 Ambedkar의 이야기도 흥미로웠으나 여기에서는 생략하고자 한다. 강의 요점은 관계 중심적인 생각을 바탕으로 생명에 대한 감수성을 높이고, 올바른 관계 회복을 위한 참여 불교가 이 시대에 필요하다는 것이다. 강의 끝에 인용한 바와 같이 나를 알고, 나를 잊으며, 다시 세상 만물에 의해 다시 태어나는 삶의 지혜를 깨닫는 것이 불교적인 지혜인 것 같다. 앞에서 잠시 언급한 노자의 자연관과 불교적 지혜를 바탕으로 한 생명에 대한 감수성을 높이는 것이야말로 서구적 이성이 가져온 생태계의 파괴라는 위험에서 벗어날 수 있는 유일한 길일지도 모른다. 창문을 통해 불어오는 바람에도 생명이 있음을 느낀다. 하나의 생각에 머물지 않는 자유로움이지 않을까?

왜 다시 자유인가

초판 1쇄 발행　　　2025년 9월 15일

지은이　　　이태곤

펴낸이　　　이명권

펴낸곳　　　열린서원

등록번호　　제300-2015-130호(1999년)

주소　　　　강원특별자치도 화천군 간동면 용호길 73-155

전화　　　　010-2128-1215

전자우　　　imkkorea@hanmail.net

ISBN　　　979-11-89186-82-1(03100)

값 17,000원